삼중의 영성
채움 비움 누림의 여정

신앙을 다시 숨 쉬게 하려면

오늘날 성도들이 조심스럽게 마음을 열고 내어놓은 고백은 '신앙생활이 점점 더 힘들다'는 말입니다. 이러한 호소는 목회 현장과 상담의 자리, 소그룹 나눔 속에서 반복적으로 들려오는, 우리가 마주하고 공감하는 솔직한 목소리입니다.

신앙을 버린 것도 아니고, 예배를 그만둔 것도 아닌데 어쩐지 버겁다는 말입니다. 예배드리고 있고 기도도 하고 있지만 그것이 삶을 지탱해 주지 못한다는 느낌을 많은 성도가 공유하고 있습니다. 우리는 여전히 예배 자리에 앉아 있지만 예배가 끝난 뒤 삶은 달라지지 않는 상태에 점점 익숙해져 가고 있습니다.

신앙생활을 계속하고 있음에도 마음 한편에서는 설명하기 어려운 공허감이 쌓여 가고 있습니다. 이 공허감은 신앙생활 속에서 느끼는 피로와 무감각, 그리고 이유를 알 수 없는 혼란이 함께 얽힌 상태입니다.

무엇이 문제인지 정확히 짚지는 못하지만 지금의 신앙이 삶을 붙들어 주지 못하고 있다는 감각만큼은 분명해졌습니다. 이것은 신앙이 제자리를 잃었을 때 나타나는 현상입니다. 이런 상태는 갑자기 나타난 것이 아니라 신앙의 중심이 서서히 이동한 결과입니다.

그동안 신앙생활을 계속해 왔지만 어느 순간부터 신앙이 삶을 끌고 가기보다 삶의 뒤를 따라가는 자리에 머물게 되었습니다. 예배는 한 주의 중심이 아니라 주말 일정 중 하나가 되었고, 기도는 그저 마음을 다잡는 도구가 되고 말았습니다. 신앙은 여전히 중요하다고 말하지만 실제 선택의 순간에서는 다른 기준들이 더 앞에 서 있는 경우가 많아졌습니다.

문제의 원인은 신앙을 떠받치는 내면의 구조가 무너졌기 때문입니다. 내면의 구조는 무엇을 기준으로 판단하고 무엇을 붙잡고 하루를 살아가는지를 결정하는 신앙의 질서를 뜻합니다. 이 질서가 무너지면 신앙의 열심은 남아 있어도 삶을 지탱할 중심은 사라지게 됩니다. 그래서 우리는 열심히 신앙생활을 하고 있음에도 불구하고, 정작 삶의 무게 앞에서는 쉽게 흔들립니다.

여기에 대한 개선 없이 그저 더 많이 배우고, 더 자주 모이고, 더 애쓰는 방식으로는 침체된 상태를 회복하기 어렵습니다. 오히려 이런 방식은 신앙을 회복하기보다 신앙을 더 지치게 만들 위험이 있습니다. 따라서 지금 우리에게 필요한 것은 더 자극적인 프로그램이나 더 혁신적인 전략이 아니라 하나님 앞에 다시 서는 기준을 마련하는 일입니다.

이 책의 의도는 그 기준을 영성이라는 이름으로 다시 살펴보는 데 있습니다. 영성에 대한 토론은 소수의 특별한 사람들을 위한 것이 아니라 모든 성도가 믿음으로 살아가기 위해 반드시 짚어야 할 중요한 신앙생활의 주제입니다. 영성은 선택 과목이 아니라 신앙이 실제로 작동하기 위해 반드시 회복되어야 할 토대입니다.

그렇다면 우리는 어떻게 기준을 다시 세워야 할까요? '채움-비움-누림'의 영성적 흐름을 붙들어야 합니다. 이제부터는 채움-비움-누림을 삼중의 영성으로 언급하겠습니다. 삼중의 영성은 신앙을 더 요구하는 구조가 아니라 무너진 신앙이 복구되도록 돕고 불필요한 짐을 내려놓게 하는 가장 기본적인 질서입니다.

삼중의 영성은 새로운 이론이 아닙니다. 채움 - 비움 - 누림이라는 표현이 사용되지 않았을 뿐이지 이 흐름은 성경 전체를 관통하며 반복해서 나타나는 영성의 구조입니다. 하나님께서 사람을 부르시고 관계를 맺으실 때 언제나 이 질서를 따라 일하셨고, 복음이 인간의 삶 속에서 실제로 작동하는 방식 또한 이 흐름 안에서 드러났습니다.

성경은 인간이 무엇을 먼저 결단하거나 성취함으로 신앙이 시작된다고 말하지 않습니다. 언제나 하나님이 먼저 다가오시고, 은혜로 채우시며, 그 은혜를 담을 수 있도록 삶을 정돈하게 하시고, 마침내 하나님과 동행하는 기쁨을 누리게 하십니다. 이 과정은 특정 시대나 인물에게만 주어진 특별한 경험이 아니라 하나님 백성의 역사 속에서 반복되어 온 신앙의 기본 구조였습니다.

하나님은 아담에게 생기를 불어넣으셨고, 아브라함을 은혜로 부르신 후 고향을 떠나라고 하셨고, 출애굽의 은혜 이후 광야에서 비움을 배우게 하셨고 약속의 땅에서 안식을 누리게 하셨습니다. 이처럼 하나님의 일하심 속에는 일관된 채움-비움-누림의 영적 흐름이 있습니다.

신약에서도 이 구조는 변하지 않았습니다. 예수님께서 제자들을 먼저 부르시고 함께 머물게 하신 뒤 자신을 내려놓는 길로 이끄시고 마침내 하나님 나라의 기쁨을 누리게 하신 과정 역시 같은 영성의 질서를 따르고 있습니다.

따라서 삼중의 영성은 시대를 초월한 복음의 구조이며 신앙을 더 어렵게 만드는 추가 조건이 아니라 오히려 신앙이 제대로 작동하도록 돕는 가장 근본적인 질서입니다. 우리가 이 흐름을 다시 붙들 때 신앙은 이론의 차원을 넘어 삶의 실제로 회복되기 시작합니다.

채움 - 비움 - 누림은 삶의 자리마다 다시 살아내야 하는 신앙의 기본 흐름입니다. 환경이 바뀌고 상황이 달라질 때마다 우리는 하나님께 채움을 구해야 하고, 그 자리에서 붙들고 있는 것을 내려놓아야 하며, 그 과정을 통해 하나님과 동행하는 삶을 다시 누리게 됩니다. 이것이 자연스러운 신앙의 흐름입니다.

흐름의 순서가 중요합니다. 채움 없이 비우려 하면 공허해지고, 비움 없이 누리려 하면 가벼워지며, 누림 없이 채움과 비움만 반복하면 신앙은 점점 피로해집니다. 이 흐름의 순서가 뒤바뀌면 신앙은 은혜가 아니라 의무로 변질이 됩니다.

채움은 하나님이 먼저 하시는 일입니다. 신앙은 결심으로 시작되지 않고 은혜로 시작됩니다. 우리가 하나님을 찾기 전에 하나님이 먼저 우리를 찾아오셨고, 우리가 무엇을 하기 전에 이미 우리를 사랑하셨습니다. 채움은 내가 나를 채우는 일이 아니라 하나님이 나를 채우시는 일입니다. 그래서 채움은 노력의 결과가 아니라 선물입니다.

여기서 말하는 채움은 하나님께서 말씀과 성령을 통해 우리의 내면을 다시 하나님 중심으로 정렬하시는 사건을 의미합니다. 채움은 지식이 늘어나는 것이나 감정이 고조되는 상태를 가리키지 않습니다.

그것은 하나님이 누구이신지, 내가 누구인지에 대한 인식이 새로워지고, 삶의 기준과 판단의 중심이 하나님께로 돌아오는 영적 재배치의 과정입니다. 채움은 하나님이 내 삶의 주인이심을 다시 받아들이는 데서 시작되며, 그분의 임재가 마음의 중심을 차지하도록 허락하는 신앙의 응답입니다.

조나단 에드워즈는 참된 신앙을 단순한 지적 동의나 외적 열심으로 보지 않았습니다. 그는 하나님의 은혜가 성령님을 통해 인간의 마음에 '거룩한 감각'을 일으킬 때, 비로소 신앙이 실제가 된다고 보았습니다.

에드워즈에게 채움이란 하나님의 영광이 인간의 마음을 사로잡아 이해와 의지, 감정 전체를 새롭게 움직이게 하는 내적 변화였으며, 이 변화가 삶의 방향과 열매로 이어질 때 그것이 참된 은혜의 증거가 된다고 강조했습니다.

하나님은 말씀과 기도와 예배를 통해 우리 안에 임재하시고 우리를 채우십니다. 이 채움이 없으면 신앙은 곧 의무가 되고 맙니다. 채움을 받지 못한 채 순종하려 하면 오래 버티기 어렵습니다. 채움은 신앙생활의 시작이고 근본입니다.

채움이 이렇게 중요하지만 채움만을 추구하고 비움이 없으면 문제가 생길 수 있습니다. 그 문제는 은혜는 받았는데 삶은 그대로이고, 말은 많아졌는데 태도는 변하지 않고, 은혜를 말하지만 자아는 여전히 중심에 서 있는 것입니다. 신앙은 풍성해 보이지만 실제 삶에서는 하나님이 설 자리가 점점 줄어듭니다.

이런 상태가 계속되면 신앙은 점점 무거운 짐이 되고 더 이상 앞으로 나아가지 못합니다. 마땅히 선생이 되어야 할 때 여전히 도의 초보에 머물러 있다고 지적받았던 히브리서의 성도들처럼 되고 맙니다. 은혜는 받았지만 삶의 성숙으로 이어지지 못한 결과입니다. 그래서 채움 다음에는 반드시 비움이 있어야 합니다.

비움은 하나님을 위해 자리를 내어드리고자 내려놓는 것입니다. 교만, 두려움, 인정받고 싶은 마음, 비교하는 습관, 과도한 욕심이 비움의 대상입니다. 비움은 약해지는 일이 아닙니다. 오히려 강해지는 것입니다. 비움으로 우리 안에서 하나님이 일하실 수 있기 때문입니다. 비움은 나를 비워 무언가를 잃는 일이 아니라 하나님이 다시 중심이 되게 하는 선택입니다.

예수님께서 먼저 이 길을 걸으셨습니다. 자신을 비우셨고, 아버지의 뜻에 순종하셨으며, 그 길 끝에서 부활의 영광을 받으셨습니다. 자기를 비운 사람만이 하나님과 함께 할 수 있고, 자기를 내려놓은 사람만이 하나님의 뜻을 이룰 수 있습니다.

채움과 비움이 자리를 잡으면 그때 누림이 시작됩니다. 누림은 하나님과 함께 사는 삶에서 자연스럽게 따라오는 상태입니다. 억지로 기뻐하려 애쓰지 않아도, 하나님 안에 거하는 사람에게서 흘러나오는 기쁨입니다.

누림이 없는 신앙은 오래 갈수록 지칩니다. 예배는 부담이 되고, 기도는 숙제가 되며, 순종은 무거운 짐이 되고 맙니다. 그러나 누림이 회복되면 같은 신앙생활이라도 결이 달라집니다. 같은 예배, 같은 말씀, 같은 순종이지만 그것을 감당하는 마음의 무게는 전혀 달라집니다. 하나님과 함께 걷고 있다는 확신이 끊임없이 힘을 공급해 주기 때문입니다.

물론 누림만 강조될 때도 위험이 있습니다. 기쁨만 추구하고, 십자가는 피하려는 신앙이 되기 쉽습니다. 이 경우 고난과 인내, 자기 부인이라는 복음의 핵심 요소가 배제되고 불편한 말씀이나 회개의 요구는 외면당하기 쉽습니다. 누림만이 신앙의 목적이 되면 하나님을 이용하는 신앙으로 왜곡될 수 있습니다.

그래서 누림은 반드시 채움과 비움 위에 놓여야 합니다. 십자가를 통과한 누림만이 오래 갑니다. 비움의 아픔을 통과하지 않은 누림은 깊이를 갖지 못하고, 상황이 흔들릴 때 쉽게 사라지지만, 채움과 비움을 지나온 누림은 고난 속에서도 사라지지 않는 평안으로 남습니다.

삼중의 영성은 특별한 신앙인을 만들기 위한 구조가 아닙니다. 지금의 삶을 하나님과 함께 살아내기 위한 최소한의 질서입니다. 이 질서가 회복되면 신앙은 다시 숨을 쉬기 시작합니다.

채움 없는 비움은 공허하고, 비움 없는 채움은 교만하며, 누림 없는 신앙은 피로합니다. 그러나 채움-비움-누림이 제자리를 찾을 때, 신앙은 다시 삶을 지탱하는 힘이 됩니다.

이 책은 이 삼중의 영성이 실제 삶에서 어떻게 드러나는지를 신약 성경 인물들의 삶을 통해 차분히 따라갑니다. 이를 통해 영성이 추상적인 개념이나 이상적인 상태가 아니라, 구체적인 선택과 관계, 순종의 자리에서 어떻게 형성되는지를 살펴보게 됩니다.

먼저 예수님의 삶 속에서 채움 - 비움 - 누림이 어떻게 완전한 형태로 나타나는지를 살펴보고, 베드로와 바울이라는 서로 다른 길을 걸은 두 사도의 삶을 통해 영성이 어떻게 사람 안에서 다르게 작동하는지를 확인합니다. 같은 복음을 만났지만 서로 다른 기질과 배경을 지닌 인물들이 어떻게 각자의 자리에서 이 흐름을 살아냈는지를 비교하게 될 것입니다.

이어서 복음서를 기록한 저자들의 시선을 따라가며, 같은 복음을 전하면서도 각기 다른 영성의 결을 어떻게 담아냈는지를 살펴봅니다. 이를 통해 복음은 하나이지만 그것을 받아들이고 증언하는 방식은 삶의 자리와 영성의 깊이에 따라 다양하게 드러난다는 사실을 확인하게 됩니다.

마지막으로 초대교회의 인물들을 통해 특별한 사도만이 아니라 평범한 성도들의 삶 속에서도 이 영성이 어떻게 구현되었는지를 확인하려 합니다. 이 모든 여정을 통해 독자는 삼중의 영성이 이론이 아니라 시대와 사람을 넘어 반복되어 온 복음의 실제였음을 발견하게 될 것입니다.

우리가 따라갈 삼중의 영성은 우리가 오래 잊고 있었

던 복음의 흐름입니다. 이 책은 그 흐름 위에 다시 서도록 돕는 안내서입니다. 신앙을 설명하는 데서 멈추지 않고 신앙이 다시 숨 쉬게 하는 동반자가 되고자 합니다. 이러한 마음으로 이 여정을 시작합니다.

차 례

제1장

예수님과 두 사도의 영성

예수님의 영성

예수님은 십자가에서의 죽음과 부활을 통해 우리에게 죄로부터의 구원과 영원한 생명을 주셨습니다. 그런데 예수님이 이 세상에 오신 목적은 단지 인류 구원만이 아니었습니다. 예수님은 하나님 나라의 삶은 어떤 것인지, 하나님의 자녀는 어떤 방식으로 살아야 하는지 몸소 보여 주셨습니다.

그러므로 성도는 구원만으로 만족하지 말고 예수님이 걸으셨던 믿음의 길을 따라 걸으며 예수님의 삶의 패턴을 본받아 살아가는 제자도의 여정을 이어가야 합니다. 예수님이 보여주신 그 여정은 단지 따라야 할 규칙이 아니라 하나님 나라의 백성이 된 사람들에게 주어진 새 생명의 방식이었습니다.

예수님의 삶은 채움 - 비움 - 누림이라는 삼중의 영성 구조로 설명할 수 있습니다. 이 구조는 단순한 신학적 분류가 아니라 예수님의 존재와 사역의 내적 리듬이자 영적 동력이었습니다. 예수님은 하나님으로 자신을 채우셨고, 자신을 비워 순종하셨으며, 그 안에서 하나님을 누리는 기쁨과 자유를 풍성히 경험하셨습니다.

이 삼중의 영성은 일종의 반복적 패턴이며, 마치 숨을 들이쉬고 내쉬는 호흡처럼 자연스럽게 연결되어 있습니다. 이 삼중 영성의 여정은 오늘 우리가 그대로 따라가야 할 영적인 길입니다. 이 길은 우리의 신앙이 성장하는 순서이자 성령님 안에서 살아가는 성도들에게 자연스럽게 나타나는 영적 질서입니다.

예수님의 이 뚜렷한 영성 구조는 단지 본받아야 할 모범의 차원에 머물지 않습니다. 그것은 하나님 나라가 어떤 방식으로 흘러가며 하나님의 자녀가 어떤 내적 리듬을 가지고 살아가야 하는지를 구체적으로 보여 주는 실질적 기준입니다. 예수님을 바라보면 복잡해 보이던 신앙이 단순해지고, 막연해 보이던 신앙생활이 분명한 방향을 얻게 됩니다.

예수님의 삶 전체를 살펴보면 모든 사역과 말씀, 심지어 일상의 작은 선택까지도 이 영적 질서 안에서 이루어졌음을 발견하게 됩니다. 예수님의 모든 걸음은 우연이 아니었고, 반응도 순간의 감정에 따른 것이 아니었습니다. 예수님의 모든 움직임은 하나님과 깊이 연결된 내적 리듬에서 흘러나온 것이었습니다. 예수님은 언제 무엇을 하실지 보다 왜 그것을 하셔야 하시는지를 먼저 아셨고, 그 중심에는 항상 하나님 아버지와의 친밀함이 있었습니다.

예수님이 아버지와의 친밀함으로 마음을 채우실 때 능력이 흘러나왔고, 자신을 비울 때 하나님의 뜻이 삶에서 드러났으며, 하나님을 누릴 때 고난 중에도 흔들리지 않는 기쁨과 자유가 흘러넘쳤습니다. 이러한 삼중 영성은 성도들에게 주어진 단순한 이상이 아니라 실제의 삶 속에서 구현될 수 있는 구체적인 영성의 길입니다. 따라서 이 삼중의 영성은 선택이 아니라 성도라면 반드시 따라야 할 영적 구조입니다.

우리의 신앙이 이 구조를 벗어나면 어떻게 될까요? 방향을 잃은 배와 같이 되고, 연료가 떨어진 자동차와 같이 되고 맙니다. 예수님의 영적 패턴은 우리 영혼이 흔들릴 때 제자리로 되돌아오게 하는 영적 기준점입니다. 그러므로 오늘 우리는 예수님이 보여 주신 영적 패턴을 우연한 순서나 선택적 단계가 아닌 하나님과 동행하는 삶의 근본 구조로 받아들여야 합니다.

채움-비움-누림의 삼중 영성은 예수님의 삶에서 흘러나온 영적 호흡입니다. 이 영적 호흡을 잃으면 우리의 신앙은 굳어지고 영적 생명력은 희미해집니다. 그러나 이

호흡이 살아 있으면 어떤 상황에서도 믿음의 흐름이 끊어지지 않습니다. 영적 호흡이 회복될 때 우리의 신앙은 살아 약동하게 됩니다.

예수님의 채움의 영성

예수님은 아침마다, 중요한 사역 전에, 결정적 순간마다 한적한 곳으로 물러가 하나님 아버지 안에 머무르셨습니다. 성경은 예수님의 채움의 영성에 대해 이렇게 말씀하고 있습니다. "새벽 아직도 밝기 전에 예수께서 일어나 나가 한적한 곳으로 가사 거기서 기도하시더니"(막 1:35). "예수는 물러가사 한적한 곳에서 기도하시니라"(눅 5:16). "이때에 예수께서 기도하시러 산으로 가사 밤이 새도록 하나님께 기도하시고"(눅 6:12).

우리는 이 구절들을 가볍게 읽을 수 있지만 그 속에는 예수님의 삶 전체를 보여 주는 원리가 담겨 있습니다. 예수님에게는 분명한 우선순위가 있으셨습니다. 기적보다, 사람들의 요구보다, 심지어 사명의 긴급성보다 앞서 하나님 안에 머무셨고 먼저 채우셨습니다. 하나님과의 인격적 친밀함으로 채우셨고, 사역의 원동력인 성령님으로 채우셨습니다. 이처럼 예수님의 사역은 기도에서 시작되었고, 기도에서 유지되었으며, 기도에서 완성되었습니다.

누가복음은 예수님의 어린 시절의 모습을 이렇게 소개했습니다. "예수는 지혜와 키가 자라가며 하나님과 사람에게 더욱 사랑스러워 가시더라"(눅 2:52). 이 말씀은 예수님의 성장 과정 전체가 하나님과의 친밀함으로 채워져 있었음을 보여 줍니다. 즉 채움은 갑자기 생긴 능력이 아니라 어린 시절부터 형성된 영적 습관과 관계적 친밀함이 누적되어 나타난 열매였습니다.

예수님에게 채움은 부담이 아니라 생명이었고, 의무가 아니라 기쁨이었습니다. 예수님은 아버지와의 일치를 위해 기도하셨고 그 결과 기적은 저절로 흘러나왔습니다. 채움이 예수님의 사역을 이끌었고, 채움이 기적을 낳았고, 채움이 관계를 변화시켰고, 채움이 십자가의 고난을 감당하게 했습니다. 예수님에게 채움은 선택이 아니라 생명의 원리였습니다.

채움의 영성은 예수님의 능력이 어디에서 나오는지를 가장 분명하게 보여준 단서였습니다. 예수님은 채움을 통해 하나님의 뜻을 분별하셨고, 채움을 통해 유혹과 왜곡된 메시아 기대를 이기셨으며 사람들의 환호와 압박 앞에서도 중심을 잃지 않으셨습니다.

예수님은 자신을 채우기 위해 세상의 소리보다 하나님의 음성에 귀를 기울이셨습니다. 사람들의 요구보다 하나님의 뜻을 우선하셨습니다. 이 채움이 있었기에 예수님은 피곤한 몸을 이끌고도 무리를 불쌍히 여기셨고, 배척을 받으면서도 사명을 이어가셨으며, 결국 십자가까지 감당하셨습니다. 채움은 마음의 힘이 되었고, 영적 방향을 잃지 않는 나침반이 되었습니다. 채움의 영성이 없는 사람은 작은 바람에도 흔들리지만 채움이 있는 사람은 폭풍 중에도 중심을 잃지 않습니다.

우리의 삶도 매일 무엇인가로 채워지고 있습니다. 과연 무엇으로 채워지고 있을까요? 육신을 자극하는 영상들, 감정 쓰레기, 관계 스트레스, 업무 압박, 이런 것들이 채워질수록 하나님을 모실 공간은 사라지고 그 결과 우리는 지치고 피곤한 인생을 살게 됩니다. 하나님의 은혜로 채우지 않고 신앙생활을 하려는 것은 연료 없이 자동차를 운전하려는 것과 같습니다.

그러므로 예수님의 채움의 영성을 본받아 먼저 채워야 합니다. 채움이 이루어지면 신앙의 에너지가 충만해지고, 마음이 부드러워지고, 영적 통찰이 열리기 시작합니다. 채움은 영혼의 근력과도 같습니다. 채움이 강할수록 신앙은 흔들리지 않습니다.

조지 뮬러는 "하루를 시작하는 첫 1시간이 나의 모든 사역을 좌우합니다"라고 말했습니다. 그는 고아원 사역을 하며 경제적으로 늘 부족했습니다. 그러나 어떤 상황에서도 말씀을 읽는 시간만큼은 절대 양보하지 않았습니다. 식량이 떨어졌을 때에도 여기저기 뛰어다니지 않고 먼저 하나님 앞에 엎드렸습니다. 그러면 놀랍게도 누군가 문을 두드리며 양식을 들고 찾아왔습니다.

조지 뮬러의 이야기는 예수님처럼 먼저 채운 사람에게 하나님이 어떻게 일하시는지를 보여준 실제적 증거였습니다. 하나님으로 채우는 사람은 사람의 도움보다 하나님의 공급을 먼저 경험하게 됩니다. 하나님으로 채우면 삶의 해석이 달라지고, 현실을 보는 시각도 변화됩니다.

예수님의 비움의 영성

성경은 예수님의 비움의 영성에 대해 이렇게 말씀하고 있습니다. "자기를 비워 종의 형체를 가지사 사람들과 같이 되셨고"(빌 2:7). 이 비움은 하나님과 동등 됨을 취하지 않으시고 인간의 연약함을 온전히 받아들이신 놀라운 결단의 결과였습니다.

예수님의 비움의 절정은 십자가였습니다. 겟세마네 동산에서 베드로가 칼을 휘두르자 예수님은 말씀하셨습니다. "칼을 칼집에 꽂으라 아버지께서 주신 잔을 내가 마시지 아니하겠느냐"(요 18:11). 이 말씀은 예수님의 비움이 단순한 감정적 결단이 아니라 십자가라는 주어진 잔을 아버지의 뜻으로 받아들이는 깊은 순종이었음을 보여 줍니다. 비움의 핵심은 '원치 않는 상황'이 아니라 '하나님이 주시는 뜻'을 선택하는 데 있습니다.

예수님은 고난을 원하셨기 때문에 십자가를 택하신 것이 아니라 그 고난이 선하신 하나님 아버지의 뜻이라는 사실을 신뢰하며 자신의 뜻을 내려놓으신 것이었습니다. 이 지점에서 비움은 체념이 아니라 신뢰이며, 포기가 아니라 순종임을 알 수 있습니다. 비움은 어쩔 수 없이 상황을 받아들이는 것이 아니라 하나님의 주권을 선택하는 믿음의 결단입니다.

예수님은 자신의 뜻을 비워 아버지의 뜻을 선택하셨습니다. 자신의 생명을 비워 우리에게 생명을 주셨습니다. 자신의 영광을 비워 죄인의 자리에 서셨습니다. 이 비움이 있었기에 우리의 구원이 이루어졌습니다. 예수님의 비움은 고통을 감내하기 위한 인내가 아니라 사랑을 이루기 위한 적극적 순종이었습니다. 또한 비움은 하나님의 뜻을 이루기 위해 한 걸음 더 나아가게 하는 영적 동력이었습니다.

많은 성도가 말씀을 읽고 기도를 하지만 영적 열매가 없는 이유는 채움은 있으나 비움이 없기 때문입니다. 그러면 우리는 무엇을 비워야 할까요? 비움의 영성은 모호한 개념이 아닙니다. 성경이 말하는 비움은 매우 구체적입니다. 그것은 자기 중심성, 교만과 비교의식, 두려움과 염려, 상처의 기억과 과거의 그림자, 고집과 완고함을 하나님 앞에 내려놓는 것입니다.

비움은 잊는 것이 아니라 하나님 앞에 내려놓는 행위이며, 포기하는 것이 아니라 더 큰 순종을 선택하는 믿음의 행동입니다. 비울 때 순종할 수 있습니다. 성경은 예수님의 비움이 곧 순종의 길이었음을 증언하고 있습니다. "죽기까지 복종하셨으니 곧 십자가에 죽으심이라"(빌 2:8). 비움이 없으면 하나님의 뜻은 마음에 머물 뿐 삶에서 나타나지 않습니다.

손양원 목사는 여순사건으로 두 아들을 잃었습니다. 가해자는 안재선이라는 청년이었습니다. 그 충격적인 상황에서 손양원 목사는 인간적으로는 도저히 이해할 수 없는 선택을 했습니다. 그는 가해자를 직접 찾아가 "내 아들을 죽인 네 생명을 살리기 원한다"며 그를 양아들로 삼았습니다. 그가 그날 밤 일기에 남긴 글은 이렇게 시작되었습니다. "원수를 사랑하라 하신 주님의 말씀을 오늘 내가 실천하게 되었다."

이것이야말로 예수님의 비움의 영성이 인간의 삶 속에

서 어떻게 구현되는가를 보여 주는 가장 강력한 사례입니다. 비움이 없으면 사랑은 불가능하며, 비움이 없으면 용서도 존재할 수 없습니다. 비움의 영성은 우리의 삶에서 불가능을 가능으로 바꾸는 하나님의 은혜의 공간입니다.

비움은 하나님이 일하실 공간을 열어 드리는 영적 행동입니다. 예수님이 자신을 비우시자 하나님은 예수님을 지극히 높이셨습니다. 우리가 비움의 자리에 설 때 하나님은 새로운 은혜를 부어 주십니다. 비울 때 하나님이 채워주시고, 내려놓을 때 하나님이 들어 올려주시며, 포기할 때 새로운 길이 열립니다. 비움은 그저 비워지는 것이 아니라 하나님으로 채워지는 준비 과정입니다.

예수님의 누림의 영성

성경은 예수님의 누림의 영성에 대해 "내가 이것을 너희에게 이름은 내 기쁨이 너희 안에 있어 너희 기쁨을 충만하게 하려 함이라"(요 15:11), "내가 세상에서 이 말을 하옵는 것은 그들로 내 기쁨을 그들 안에 충만히 가지게 하려 함이니이다"(요 17:13)라고 말씀하셨습니다. 예수님에게는 환경과 상관없이 하나님과의 친밀감으로 누리는 기쁨과 즐거움이 있었습니다.

예수님은 그 기쁨과 즐거움을 제자들과 모든 영혼에게 나누시고 쉼을 주시고자 말씀하셨습니다. "수고하고 무거운 짐 진 자들아 다 내게로 오라 내가 너희를 쉬게 하리라"(마 11:28). 누림의 영성이 있으면 고난 속에서도 하나님 안에서 마음의 쉼과 만족을 누릴 수 있습니다.

우리는 신앙생활을 하면서 종종 기쁨과 즐거움을 잃어버릴 때가 있습니다. 우리는 예수님을 본받아 누림의 영성으로 살아야 합니다. 신앙생활은 고생만 하는 길이 아닙니다. 하나님과 동행하며 기쁨을 누리는 길입니다. 누림은 영혼이 건강하다는 증거이며 은혜가 흐른다는 표시입니다. 누림은 신앙의 꽃이 피는 순간이며 하나님이 주시는 생명이 실제 삶에서 드러나는 열매입니다.

누림의 영성은 감사의 회복, 순종의 기쁨, 영적 자유, 사명의 만족, 하나님과의 친밀함, 기도의 달콤함 등의 풍성한 열매를 맺게 합니다. 누림은 하나님을 깊이 경험한 사람에게서 자연스럽게 나타나는 영적 열매입니다.

유대인을 숨겨주었다는 이유로 감옥에 갇힌 코리 텐붐과 그녀의 언니 베티는 감옥 방에 벼룩이 가득한 것을 발견했습니다. 잠을 잘 수도 없고, 기도도 집중할 수 없는 고통스러운 상황이었습니다. 그때 베티가 조용히 말했습니다. "코리, 성경은 범사에 감사하라고 했잖아. 벼룩도 감사하자." 코리는 도저히 이해할 수 없었지만 억지로 감사했습니다. 나중에 알게 된 사실은 놀라웠습니다. 그 감옥 방에 벼룩이 너무 많아서 간수들이 들어오지 않았고, 그로 인해 둘은 매일 성경공부 시간을 가질 수 있었습니다.

코리 텐 붐의 벼룩 감사 사건은 누림의 영성이 현실에서 어떻게 나타나는지를 보여줍니다. 감사할 수 없는 환경에서도 하나님을 누린 사람에게 하나님은 놀라운 일을 행하십니다. 누림의 영성은 환경을 바꾸지 못할 때에도 마음의 시선을 바꿔 하나님을 바라보게 합니다. 누림은 고통 속에서 발견하는 하나님 나라의 빛이며, 절망 속에서 드러나는 소망의 능력입니다.

누림이 없는 신앙생활은 힘든 종교적 수행일 뿐입니다. 그러나 누림의 영성이 있으면 신앙생활은 의무가 아니라 은혜가 되고, 좁은 길을 걸을지라도 예수님과 동행함으로 말미암아 기쁨의 여정이 됩니다. 누림은 고난을 없애 주지는 않습니다. 다만 그 고난을 끝까지 견디게 합니다.

예수님이 누리신 기쁨은 개인적 만족에 머물지 않았습니다. 잃어버린 자들을 향해 흘러가는 기쁨이었습니다. 누림은 머무름이 아니라 보냄으로 완성되며, 예수님의 기쁨은 제자들을 세상으로 파송하는 힘이 되었습니다.

　예수님의 영성은 채움 - 비움 - 누림의 선순환 구조로
이루어져 있으며, 이는 모든 성도가 따라 걸어야 할 영적
패턴입니다. 이 선순환은 개인의 성숙으로 끝나지 않고,
하나님 나라를 세상 가운데 드러내는 선교적 삶으로 확
장됩니다.
　예수님의 삼중 영성은 세상을 향해 활짝 열려 있는 영
성이었습니다. 예수님은 이 세 가지 영성을 각각 따로 떼
어 가르치지 않으셨고, 그것을 교육적 원리나 도덕적 교
훈처럼 나열하지도 않으셨습니다. 그저 삶을 통해 삼중
의 영성을 자연스럽게 드러내셨습니다.
　예수님을 바라보는 사람은 누구나 그분의 사역 속에서
채움의 깊이, 비움의 결단, 누림의 기쁨을 동시에 볼 수
있습니다. 이 삼중의 영성은 신앙의 깊이를 더하고 삶의
방향을 명확히 하며 우리의 영혼을 하나님의 뜻 가운데
세워 줍니다.
　예수님에게 채움은 능력의 원천이었습니다. 채움이 없
는 사역은 겉으로는 화려해 보일지라도 오래 지속될 수
없고, 생명을 낳는 능력을 발휘하지 못합니다. 그러므로
성도에게 채움의 영성은 선택이 아니라 필수이며, 아버

지와의 친밀함에서 흘러나온 충만함은 신앙의 첫 출발점입니다. 채움은 모든 영적 성숙의 시작이며, 은혜의 통로를 여는 영적 기초입니다.

예수님의 비움은 단순한 겸손의 표현이 아니라 하나님의 뜻을 이루기 위해 자신을 낮추고 내려놓는 거룩한 자기 포기였습니다. 이 비움이 있었기에 십자가 순종이 가능했고, 그 순종을 통해 구원이 완성되었습니다.

성도에게도 비움은 영적 성장을 위해 반드시 필요한 영성의 단계입니다. 비우지 않으면 순종하지 못하고, 순종하지 못하면 하나님의 뜻이 삶에서 드러나지 않습니다. 즉 채워진 사람이 비울 수 있고, 비워진 사람이 순종할 수 있습니다. 비움은 성령의 길을 여는 영적 문이며, 순종은 그 문을 통과하는 믿음의 행동입니다.

마지막으로 누림은 생명의 증거입니다. 예수님은 고난 중에도 기쁨을 잃지 않으셨고, 제자들에게도 자신의 기쁨을 주고자 하셨습니다. 기쁨, 감사, 평안, 자유, 담대함, 사명의 즐거움은 모두 누림의 영성에서 흘러나오는 영적 표지입니다.

하나님을 누리지 못하면 신앙생활은 의무가 되고 짐이 되고 맙니다. 하지만 누림이 있으면 기쁨의 여정이 됩니다. 누림은 성도가 하나님과의 관계 안에서 누리는 복이며, 이 복을 맛볼 때 신앙의 걸음은 계속될 수 있습니다. 따라서 우리는 예수님을 따르며 예수님이 보여 주신 삼중 영성의 단계를 균형 있게 구현해 나가야 합니다.

채움은 비움을 가능하게 하고, 비움은 누림을 풍성하게 하며, 누림은 다시 채움을 갈망하게 합니다. 이 삼중의 영성은 예수님을 본받아 살아가는 성도들이 반드시 걸어가야 할 길입니다. 삼중의 영성이 세워질 때 우리의 신앙은 균형을 찾고, 우리의 삶은 흔들리지 않으며, 우리의 영혼은 하나님 안에서 안정을 누릴 수 있게 됩니다.

■ 적용을 위한 질문

1. 채움의 영성을 위한 질문

1) 나는 하루의 첫 시간을 무엇으로 채우고 있는가? 예수님처럼 하루를 시작하며 하나님 아버지와의 친밀함으로 채우는 우선순위가 내 삶에도 자리 잡고 있는가, 아니면 세상의 소리와 피로가 하루를 먼저 점령하게 두고 있는가?

2) 말씀과 기도가 나의 삶을 실제로 움직이는 능력이 되고 있는가? 예수님이 채움의 영성에서 흘러나온 능력으로 사역하셨다면 나는 지금 무엇을 원동력으로 삼아

살아가고 있는가?

2. 비움의 영성을 위한 질문

1) 나는 무엇 때문에 순종하지 못하고 있는가? 예수님이 '자기를 비워' 순종하신 것처럼 나의 삶에서 비워야 할 자기중심성·두려움·상처의 기억·고집은 무엇이며, 그것을 내려놓으려면 어떤 결단이 필요한가?

2) 하나님이 나에게 원하시는 '십자가의 자리'는 어디인가? 내가 피하고 싶은 상황, 내려놓기 어려운 권리, 붙잡고 싶은 자존심이 있다면 그것이 바로 비움의 자리이며 순종의 자리라는 사실을 알고 있는가?

3. 누림의 영성을 위한 질문

1) 나는 신앙생활을 기쁨으로 누리고 있는가, 아니면 종교적 의무로 버티고 있는가? 예수님이 제자들에게 "내 기쁨을 너희 안에 충만하게 하려 함이라"고 하신 그 누림이 내 일상 속에서 실제로 경험되고 있는가?

2) 환경이 어려워도 하나님을 누리는 감사와 기쁨이 내 안에서 흘러나오는가? 코리 텐 붐이 벼룩 가운데서도 하나님의 은혜를 누렸던 것처럼 나는 불편한 환경 속에서도 하나님을 맛보는 영적 민감함과 감사의 눈을 가지

고 있는가?

■ 기도

주님, 예수님께서 보여 주신 채움 - 비움 - 누림의 거룩한 영성의 길이 나의 삶 속에서도 그대로 이루어지게 하소서.

먼저, 하나님 아버지로 나를 채우는 영성을 얻게 하소서. 세상의 소리보다 아버지의 음성이 먼저 들리게 하시고, 분주함보다 임재가 더 소중한 가치가 되게 하시며, 말씀과 기도가 나의 생명과 능력의 원천이 되게 하소서.

또한 예수님처럼 자기를 비워 순종하는 영성을 허락하소서. 내 안의 교만과 두려움, 상처와 고집을 내려놓게 하시며 내 뜻보다 아버지의 뜻을 선택하는 참된 순종을 배우게 하소서. 비움의 자리에 설 때마다 주님의 은혜와 자유가 임하게 하소서.

그리고 하나님을 누리는 기쁨의 영성을 회복하게 하소서. 상황과 감정, 환경과 조건을 넘어서 아버지와 동행하는 기쁨이 내 안에서 흘러넘치게 하시고, 감사와 평안, 자유와 담대함으로 매일의 신앙이 은혜의 여정이 되게 하소서.

주님, 예수님이 걸으신 이 거룩한 삼중 영성의 길을 오늘 나도 걷게 하시고, 채움이 비움을 낳고, 비움이 누림을 풍성하게 하며, 누림이 다시 하나님께 더 깊이 나아가는 영적 선순환의 길을 살게 하소서. 예수님의 이름으로 기도드립니다. 아멘.

베드로의 영성

베드로는 갈릴리 호수에서 그물을 던져 먹고 사는 평범한 어부였습니다. 그러나 예수님을 만난 이후 그의 삶은 완전히 새롭게 바뀌었습니다. 그는 예수님의 열두 제자 중 수제자가 되었고 초대교회의 기둥이 되었습니다.

그는 처음부터 성숙하거나 영성이 깊은 사람이 아니었습니다. 오히려 극과 극이 공존하는 부족한 인물이었습니다. 담대했지만 쉽게 흔들렸고, 열정적이지만 종종 조급했으며, 헌신적이었지만 한순간에 무너졌습니다.

그러나 베드로의 장점인 정직함은 그의 영성 형성에 있어 결정적인 요인이 되었습니다. 그는 자신의 약점이나 흔들림을 숨기지 않았고, 넘어졌을 때도 변명하려 하지 않았습니다. 이러한 태도는 영성이 무엇으로 빚어지는지 보여줍니다. 영성은 완벽함에서 시작되지 않고 하나님 앞에서 자신을 있는 모습 그대로 인정하는 데서 출발합니다. 실패는 믿음의 결말이 아니라 은혜의 시작이 될 수 있습니다. 실패의 순간이야말로 하나님이 개입하실 공간이 가장 크게 열리는 자리입니다. 베드로의 삶은 이 진리를 증언하고 있습니다.

베드로의 삶이 주는 특별한 가치는 바로 여기에 있습니다. 그는 자신의 부족함을 감추거나 부인하려 하지 않았고, 있는 그대로의 모습을 가지고 주님 앞에 나아갔습니다. 복음서에 기록된 그의 모습은 영성을 완성해 가는 인간의 실제 여정이 얼마나 현실적인지를 진솔하게 보여주었습니다. 영성의 성장은 하나님 앞에서 진실할 때 비로소 시작됩니다.

베드로는 실수하는 일이 잦았습니다. 그러나 그는 넘어졌을 때 다시 일어났고 쓰러졌어도 주님 곁을 떠나지 않았습니다. 그의 여정은 실패를 통과하지 않고서는 결코 도달할 수 없는 성숙의 길이었습니다. 이 과정 속에서 베드로의 채움-비움-누림의 삼중의 영성은 더욱 선명하게 드러났습니다.

베드로의 채움의 영성

베드로의 영성은 말씀의 채움에서 출발했습니다. 바닷가에서 예수님의 말씀을 처음 들었을 때 그 말씀이 마음 깊숙이 들어와 그를 흔들어 놓았습니다. 예수님은 베드로에게 "깊은 데로 가서 그물을 내려 고기를 잡으라"(눅

5:4)고 명하셨습니다. 이 말씀은 단순한 제안이 아니라 그의 직업적 경험, 실패한 밤의 기억, 현실적 판단을 모두 뒤집는 강력한 도전이자 은혜로의 초대였습니다.

베드로는 경험이 많은 전문적인 어부였기 때문에 깊은 곳에서 고기가 잘 잡히지 않는다는 사실을 누구보다 잘 알고 있었습니다. 하지만 그는 자신의 지식과 경험보다 예수님의 말씀을 더 신뢰하는 쪽을 선택했습니다.

이 믿음의 결단은 그를 전혀 새로운 세계로 이끌었습니다. 예수님의 말씀에 순종하자 그물이 찢어질 만큼 고기가 잡히는 기적이 일어났습니다. 이것은 단순한 은혜 체험이 아니라 말씀의 실재성과 권능을 온몸으로 느끼고 깨닫게 된 사건이었습니다.

베드로는 기적을 통해 예수님의 신성을 느끼고 무릎을 꿇었습니다. 그때 예수님은 그에게 "무서워하지 말라 이제 후로는 네가 사람을 취하리라"(눅 5:10)고 선언하셨습니다. 이 한 마디의 말씀은 베드로의 영적 정체성을 새롭게 규정함과 동시에 사명을 부여하신 것이었습니다.

베드로는 그 이후 예수님을 따라다니며 말씀을 귀로 듣는 수준을 넘어, 말씀의 주인이신 예수님과 함께 살며 그 말씀의 능력과 사랑을 직접 체험하게 되었습니다. 오병이어의 기적, 수많은 치유 사건, 귀신이 떠나가는 장면, 그리고 예수님의 자비와 권위가 동시에 드러나는 현장을 바로 옆에서 목격했습니다. 특히 물 위를 걸었던 경험이나 변화산에서 예수님의 변모와 하나님의 영광을 목격한 사건은 베드로의 내면에 지울 수 없는 흔적을 남겼습니다.

베드로의 채움은 단순한 감정적 감동이나 지식적 습득이 아니라 예수님이 곧 하나님이심을 친히 보고 경험함으로써 영혼이 깨어나는 과정이었습니다. 그는 단순히 예수님을 아는 사람이 아니라 예수님과 함께 함으로써 하나님의 영광과 임재 속에 머문 사람이 되었습니다.

예수님의 말씀은 그의 귀를 스쳐 지나가는 소리가 아니라 성령님의 조명 아래 그의 마음속 깊은 곳까지 스며드는 생명이었고(요 6:63), 그의 사고방식과 가치 구조를 재편하는 힘으로 작용했습니다. 말씀은 그의 경험을 해석하는 기준이 되었고, 그의 삶의 방향을 재정렬하는 원리가 되었습니다(요 14:26).

이 과정에서 베드로의 자아 구조와 삶의 중심도 점차 이동하였습니다. 그는 더 이상 어부로서의 경험이나 자신의 판단을 삶의 기준으로 삼지 않았습니다. 예수님의 말씀이 그의 세계를 해석하는 틀이 되었고, 하나님 나라의 관점이 그의 시야를 지배하기 시작했습니다.

이러한 가운데 베드로는 예수님에게 결정적인 고백을 하게 되었습니다. 예수님이 "인자의 살을 먹지 아니하고 인자의 피를 마시지 아니하면 너희 속에 생명이 없느니라"(요 6:53)고 하자 많은 사람이 말씀의 뜻을 이해하지 못하고 떠나갈 때 그는 이렇게 고백했습니다. "주여, 영생의 말씀이 주께 있사오니 우리가 누구에게로 가오리이까"(요 6:68).

이 고백은 완전한 이해에서 나온 말이 아니라 말씀으로 충분히 채워진 사람이 더 이상 돌아갈 다른 길이 없음을 인정하며 드린 존재적 응답이었습니다. 베드로는 이 고백 안에서 자신의 정체성과 삶의 방향을 분명히 밝혔고, 이후의 실패와 흔들림 속에서도 다시 돌아올 수 있는 기준을 갖게 되었습니다.

이처럼 베드로가 경험한 채움은 지식이 쌓이는 과정이 아니라 예수님의 말씀이 그의 존재 전체를 새롭게 빚어 가는 변형의 과정이었습니다(롬 10:17). 그리하여 그는 자신의 삶을 말씀 위에 세우는 영성의 기초를 단단히 다져나갔고(마 7:24), 훗날 시험과 실패의 밤을 지나서도 다시 일어설 수 있는 깊은 영적 뿌리를 갖추게 되었습니다(눅 22:31-32).

베드로의 영성은 기적보다 말씀 위에서 형성되었고,

외적 사역보다 내면의 구조가 먼저 변화되는 방향으로 나아갔습니다. 다시 말해 베드로의 채움은 이후 모든 영적 여정의 출발점이자, 그를 끝까지 붙들어 준 근원이 되었습니다.

베드로의 비움의 영성

베드로의 영성에서 두 번째로 드러나는 중요한 측면은 비움의 영성이었습니다. 예수님을 따라가는 길에는 반드시 비움이 따라오게 되어 있습니다. 말씀으로 채운 사람은 필연적으로 자기 자신과 마주하게 됩니다. 자신이 가진 진짜 마음, 숨겨둔 동기, 믿음의 실체와 직면하게 됩니다. 베드로도 자기 자신을 보았습니다.

베드로의 진면목이 드러나기 전, 그는 사람들 앞에서 언제나 앞장섰고, 큰소리쳤고, 확신에 찬 사람처럼 보였습니다. 그는 예수님이 체포되시기 직전에 이렇게 장담했습니다. "모두 주를 버릴지라도 나는 결코 버리지 않겠나이다 내가 주와 함께 죽을지언정 주를 부인하지 않겠나이다"(마 26:33, 35).

그러나 이 고백은 오래가지 않았습니다. 베드로는 예수님이 체포되자 본능적으로 두려움에 사로잡혀 곧바로 예수님을 부인하며 무너지고 말았습니다. 이것은 자기 의지와 결단을 신앙의 중심에 두고 있던 베드로의 내면 구조가 한순간에 붕괴되는 충격적 사건이었습니다.

그는 예수님을 마음속으로 부인한 것이 아니라 사람들 앞에서 공개적으로 부인했습니다. 세 번째로 부인할 때는 저주하고 맹세하며 부인했습니다. 예수님의 예언대로 닭이 울었을 때 그는 자신의 믿음의 실상을 보았습니다. 그는 밖으로 나가 통곡했습니다. 그 눈물은 자책의 눈물이자 깨달음의 눈물이었습니다. 베드로는 실패를 통해 비움을 경험했습니다.

베드로의 경험과 유사한 예로 찰스 스펄전도 젊은 시절에 깊은 우울과 사역적 실패를 겪었고 그것이 그의 사역을 더 깊게 만들었다고 고백했습니다. 그는 "하나님은 깨진 마음을 통해 더 깊은 은혜를 붓기 원하신다"고 말했습니다.

베드로의 눈물은 바로 그런 자리였습니다. 자신의 한계를 드러내는 자리였고, 인간적 열정이 무너지는 자리였으며, 하나님의 은혜가 스며들 수 있는 공간이 열리는 자리였습니다. 비움은 내가 할 수 없다는 것을 인정하는 것이고, 더 이상 나의 의지와 능력 위에 믿음을 세우지 않는 것입니다. 그 비움의 자리에 주님의 은혜가 흘러들어옵니다.

그리고 이 비움은 단순한 후회나 감정적 붕괴가 아니라 하나님께서 베드로의 내면 깊은 곳을 만지시고 새롭게 빚으시는 과정이었습니다. 그동안 베드로가 붙들고 있었던 자기 확신, 자신감, 의지력, '내가 주님을 위해 할 수 있다'는 결의가 산산이 부서져 버렸습니다.

그러나 바로 그 지점에서 베드로는 새로운 눈을 뜨기 시작했습니다. 그는 자신이 결코 스스로의 힘으로 주님을 따라갈 수 없는 존재임을 고백하게 되었고, 그 고백은 하나님을 의지하게 되는 은혜의 문이 열리는 순간이 되었습니다.

비움은 단순히 잃어버리는 것이 아닙니다. 하나님 앞에서 자신의 진짜 상태를 인정하는 것입니다. 베드로의 눈물은 절망이 아니라 하나님이 그의 삶의 중심을 새롭게 재구성할 수 있는 토양을 만드는 눈물이었습니다. 실패의 순간은 그의 믿음이 사라진 순간이 아니라 오히려 믿음이 새로 시작되는 자리였습니다.

특히 이 비움의 과정은 단순히 과거의 잘못을 털어내는 정리 수준이 아니라 하나님께서 그의 옛사람을 깊이 해체하시는 과정이었습니다. 다시 말해 베드로의 비움은 회복의 결과보다 그 회복이 일어나는 영적 구조 변화 자체에 초점이 있었습니다. 그의 확신과 자신감과 능력

중심의 구조가 무너질 때 비로소 하나님께서 베드로의 내면을 새롭게 빚어 갈 여지가 생긴 것이었습니다.

그래서 베드로의 비움은 패배의 순간이 아니라 재창조의 순간이었습니다. 그 자리에서 하나님은 베드로를 다시 세우셨습니다. 이때 베드로가 경험한 비움의 깊이는 누림의 영성으로 이어지는 다음 단계를 열어주었습니다. 하나님은 비워진 자리에 성령의 충만을 담을 수 있도록 해 주셨습니다. 베드로의 내적 공간이 비워지지 않았다면 오순절에 임할 성령님은 머물 자리를 찾기 어려웠을 것입니다.

특별히 부활하신 예수님은 갈릴리 해변에서 베드로에게 다가오셔서 그를 회복시키고자 물으셨습니다. "요한의 아들 시몬아 네가 이 사람들보다 나를 더 사랑하느냐"(요 21:15). 베드로는 예전처럼 자신 있게 고백하지 않고 "내가 주님을 사랑하는 줄을 주님께서 아시나이다"(요 21:17)라고 대답했습니다.

이는 부서지고 비워진 심령의 고백이었고 은혜 위에 선 고백이었습니다. 본회퍼가 말한 '값비싼 은혜'가 베드로 안에 자리 잡는 순간이었습니다. 값비싼 은혜란 내가 중심이 되는 신앙이 죽고 그 자리에 하나님이 다시 주권을 세우시는 깊은 내적 전환을 의미합니다.

갈릴리 해변에서의 대화 시간은 단순히 과거의 실패를 덮어 주는 순간이 아니라 베드로의 존재 자체를 새롭게 한 은혜의 시간이었습니다. 예수님은 의도적으로 부인하던 그때처럼 숯불을 피워 놓고 베드로가 무너진 자리에서 다시 일어서도록 하셨고, 과거의 상처와 무력함 위에 다시 신뢰와 사랑의 관계를 재정립하셨습니다.

베드로가 드린 고백은 부족해 보였지만 예수님은 그 고백 속에 담긴 진실성과 낮아짐을 기쁘게 받으시고 "내 양을 먹이라"고 다시 사명을 부여하셨습니다. 이 사건은 비움이 끝이 아니라 새로운 부르심의 시작임을 가장 분명하게 보여주는 장면이었습니다. 베드로가 철저히 비워지자 하나님은 그 빈 자리에 목자의 마음, 교회를 돌보는 사랑, 그리고 성령의 능력을 채워 넣어주셨습니다.

결국 베드로의 비움은 자신을 잃는 과정이 아니라 참된 자신을 되찾는 과정이었습니다. 자아의 소리가 줄어들자 주님의 음성이 더욱 선명해졌고, 자신의 능력이 사라지자 하나님의 능력이 역사하기 시작했습니다. 비움은 끝이 아니라 하나님 나라의 사람으로 빚어지는 은혜의 통로였습니다. 바로 이 깊은 비움이 있었기 때문에 성령님은 베드로 안에서 더 크고 넓은 공간을 확보할 수 있었습니다.

베드로의 누림의 영성

갈릴리 해변에서 부활하신 예수님을 만나 회복된 베드로는 다시 제자들의 중심에 서게 되었습니다. 열두 제자를 포함한 약 120명의 제자들이 마가 요한의 다락방에 모여 기도할 때, 그 공동체의 실제적 지도자는 베드로였습니다. 이는 단순한 직책의 회복이 아니라 비움 이후 주님께서 다시 맡기신 신뢰의 자리였습니다.

오순절 날 성령님의 강림이 이루어지자 베드로의 삶은 결정적으로 전환되었습니다. 성령님의 임재는 그 안에서 무너지고 비워진 공간을 새로운 능력과 확신으로 채우는 사건이었습니다. 그는 더 이상 두려움에 사로잡힌 제자가 아니었고, 성령님의 능력으로 복음을 선포하는 담대한 사도가 되었습니다.

이 담대함은 감정의 고조나 일시적 열정이 아니라 비움 이후 성령님께서 그의 존재 깊은 곳에 자리 잡으시며 일어난 본질적 변화였습니다. 채움 - 비움 - 누림이라는 베드로의 영성 구조는 각각 단절된 단계가 아니라 서로를 강화하는 순환이었고, 누림은 그 순환이 맺은 열매였습니다.

이제 베드로의 중심에는 더 이상 자신이 아니라 주님만이 계셨습니다. 그는 협박 앞에서도 흔들리지 않았고,

옥에 갇혀서도 담대함을 잃지 않았습니다. 초대교회의 탄생과 부흥은 지도자의 성격이나 교육 수준에서 비롯된 것이 아니라 전적으로 성령님의 임재에서 비롯되었습니다.

성령님이 베드로 안에서 역사하시자 그의 삶의 방향과 판단, 말과 행동이 근본적으로 달라졌습니다. 이전의 베드로가 감정과 의지가 앞서가는 사람이었다면, 이후의 베드로는 성령님의 인도하심을 따라 움직이는 사람이 되었습니다. 이는 성품의 개선이나 태도의 수정이 아니라 존재 자체의 변화였습니다. 그는 자신의 생애 전체를 주님으로부터 오는 능력에 의존하게 되었고, 바로 그 의존이 누림의 본질이었습니다.

이 변화는 사도행전 12장에서 극적으로 드러났습니다. "그 전날 밤에 베드로가 두 군인 틈에서 두 쇠사슬에 매여 누워 자는데"(행 12:6), 그는 천사가 옆구리를 쳐 깨울 정도로 깊은 잠에 들어 있었습니다. 이는 성령님으로 말미암은 베드로의 누림의 영성을 상징적으로 보여 주는 장면이었습니다.

살아날 가능성을 가늠할 수 없는 절박한 상황 속에서도 깊은 잠에 들 수 있었던 그의 모습은 믿음이 단지 내면의 결단에 머무르지 않고 감정과 신체 전체를 지배할 수 있음을 보여 준 것이었습니다. 베드로는 옥중에서도 하나님의 손길을 신뢰했고, 그 신뢰는 그를 온전히 쉬게 했습니다. 그의 평안은 환경을 이겨 내기 위한 심리적 조정이 아니라 성령님께서 마음의 중심을 다스리실 때 나타나는 하나님 나라의 실제였습니다.

그리고 이 평안은 현실에서 한걸음 물러난 것이 아니었습니다. 오히려 하나님께서 베드로를 다음 사명의 길로 이끄시기 위한 깊은 내적 전환의 순간이었습니다. 사도행전의 기록에서 이후 베드로는 점차 전면에서 사라졌습니다. 이것은 그의 사역이 끝났기 때문이 아니라 그의 누림이 새로운 형태로 전개되었음을 암시합니다. 그는 더 이상 예루살렘에 머무르지 않고 흩어진 교회를 향하여 나아갔습니다.

베드로전서는 그 이후의 여정을 조용히 증언했습니다. 그는 갑바도기아를 비롯한 소아시아 여러 지역에 흩어진 성도들을 돌보며 고난 가운데서도 흔들리지 않는 소망을 전했습니다. 옥중에서 누리던 평안은 선교의 길 위에서 지속되었고, 그의 누림은 머무름이 아니라 보내심의 형태로 확장되었습니다.

성령의 충만함 속에서 베드로는 사명 자체를 기쁨으로 받아들였습니다. 사명은 더 이상 부담이나 짐이 아니라 부활하신 주님과 동행하는 방식이 되었습니다. 그는 복음을 전할 때마다 자신이 입은 은혜를 다시 누렸고, 고난 속에서도 주님을 위해 살아간다는 특권을 기뻐했습니다.

결국 베드로의 누림은 로마에서의 순교로 완성되었습니다. 전승에 따르면 그는 "나는 주님과 같은 모습으로 죽을 자격이 없습니다"라고 말하며 십자가에 거꾸로 달려 생을 마쳤습니다. 그의 마지막 걸음은 두려움이 아니라 주님을 향한 신뢰와 사랑이 끝까지 유지되었음을 증언한 사건이었습니다.

이로써 베드로의 누림은 단순한 감정적 위로나 내적 만족이 아님이 분명해졌습니다. 누림은 죽음 앞에서도 흔들리지 않는 하나님 나라의 실제를 미리 맛보는 삶이었고, 베드로는 그 누림을 삶과 사역, 그리고 죽음으로 증언했습니다. 그의 누림은 천국의 기쁨을 앞당겨 사는 영성이었으며, 성령 안에서 하나님을 깊이 아는 자에게 허락된 특권이었습니다.

채움은 하나님을 알아가는 과정이고, 비움은 나를 내려놓는 과정이며, 누림은 하나님 안에서 쉬는 과정입니다. 이 세 단계를 통과한 사람은 흔들릴 수는 있어도 무너지지 않습니다. 이 길이 베드로의 길이었고 오늘 우리도 가야 할 영성의 길입니다.

베드로의 생애는 이 세 영성이 한 사람의 내면과 삶을 어떻게 새롭게 세우는지 생생하게 보여주었습니다. 그는 예수님의 말씀을 통해 하나님 나라의 가치와 시각을 배우고 영적으로 채움을 받았습니다. 또한 실패를 통해 자신의 한계를 깊이 직면하며 비움을 경험했습니다.

그리고 그 모든 자리에서 주님은 그를 다시 일으켜 세우셨고, 성령님 안에서 누리는 평안과 담대함을 부어 주셨습니다. 베드로는 말씀으로 채워지고, 자기 의가 비워지고, 성령 안에서의 누림을 배우는 과정을 통해 새 사람이 되었습니다.

우리의 영성도 동일한 흐름 속에서 자라게 됩니다. 말씀으로 채워질 때 삶의 중심이 하나님께 향하게 되고, 비움을 통해 자기중심적 욕망이 내려지며, 누림을 통해 하나님 안에서 쉼과 자유가 주어집니다. 이러한 영성의 여정을 걸어갈 때 우리는 베드로처럼 넘어질 수는 있어도 다시 일어설 수 있는 든든한 영적 뿌리를 갖게 됩니다.

결국 영성의 성장은 우리의 노력보다도 하나님의 손길에 의해 이루어집니다. 하나님께서 우리를 채우시고 비우시며 다시 채우시는 순환 속에서 삶은 더욱 단단해집니다. 베드로의 길은 특별한 길이 아니라 하나님을 따르는 모든 이에게 주어지는 은혜의 길임을 기억해야 합니다.

그래서 우리는 상황이 흔들릴 때도 영적 여정을 멈추지 않고, 하나님께서 빚어 가시는 변화를 신뢰하며 앞으로 나아가야 합니다. 이 길 끝에서 우리는 베드로처럼 하나님이 주시는 참된 평안과 사명의 확신을 누리게 될 것입니다.

■ 적용을 위한 질문

1. 채움의 영성을 위한 질문
1) 나는 예수님의 말씀을 내 경험보다 우위에 두고 있는가? 베드로처럼 현실적 판단을 내려놓고 말씀 한마디에 순종했던 믿음이 지금 내 안에 있는가?
2) 내가 가지고 있는 신앙적 지식은 실제적인 만남과 동행으로 이어지고 있는가? 베드로가 단순한 정보가 아니라 예수님의 임재를 경험함으로 채움을 누렸듯이, 나의 말씀 생활은 관계적 깊이로 연결되고 있는가?

2. 비움의 영성을 위한 질문
1) 나는 나의 본래 상태를 하나님 앞에서 솔직히 인정하고 있는가? 베드로가 자기 확신으로 장담했으나 결국 무너졌던 것처럼 나는 아직도 내려놓지 못한 자기 의나

자기 확신이 있는가?

2) 나의 실패의 순간을 하나님의 은혜가 스며드는 자리로 받아들이고 있는가? 베드로가 통곡 속에서 새롭게 빚어졌듯이, 나의 실패를 부끄러움으로만 보지 않고 하나님이 나를 다시 세우시는 과정으로 보는가?

3. 누림의 영성을 위한 질문

1) 나는 환경과 감정에 흔들리지 않는 성령의 평안을 실제로 경험하고 있는가? 사슬에 묶인 상태에서도 깊은 잠에 든 베드로처럼, 나의 평안은 상황이 아니라 하나님에 대한 신뢰에서 나오는가?

2) 주님과 동행하는 사명을 기쁨으로 누리고 있는가? 고난 속에서도 복음 전파를 특권으로 여겼던 베드로처럼, 나는 사명을 부담이 아니라 은혜로 받아들이고 있는가?

■ 기도

주님, 베드로의 여정을 통해 우리에게 보여 주신 채움과 비움과 누림의 영성을 사모합니다.

먼저 말씀으로 채움의 은혜를 허락하소서. 베드로가 자신의 경험보다 주님의 말씀을 따랐듯이 우리의 마음이 말씀 앞에서 겸손히 열리게 하시고 그 말씀이 우리의 생각과 가치와 삶의 방향을 새롭게 빚어 가게 하소서.

또한 우리 안에 있는 자기 의와 자기 확신을 비우는 은혜를 주옵소서. 베드로가 실패 속에서 자신의 한계를 보았던 것처럼 우리도 주님 앞에서 우리의 진짜 모습을 인정하게 하시고 그 자리에서 은혜가 흘러들어오게 하소서. 무너짐이 끝이 아니라 새로운 시작임을 믿게 하소서.

그리고 성령 안에서 누리는 평안의 영성을 부어 주소서. 사슬에 묶인 채로도 깊이 잠들었던 베드로처럼 우리도 환경을 초월한 평안을 누리게 하시고 사명을 짐이 아니라 복음의 기쁨으로 받아들이게 하소서. 주님만이 우리의 기쁨과 힘이 되게 하소서.

주님, 우리의 연약함이 은혜의 통로가 되게 하시고 넘어져도 다시 일어서는 믿음을 주옵소서. 베드로의 길이 우리의 길이 되게 하시며 그 길에서 주님의 영광을 드러내게 하소서. 예수님의 이름으로 기도드립니다. 아멘.

바울의 영성

오순절 성령강림 이후 복음은 예수님의 명령대로 땅끝까지 전해지기 시작했습니다. 예루살렘에서 폭발적으로 시작된 성령님의 역사는 제자들을 통해 유대와 사마리아로 확장되었고, 마침내 로마 제국 곳곳으로 퍼져 나갔습니다. 복음은 죄와 허물로 죽은 영혼들에게 새로운 생명을 주는 창조적 능력이었습니다.

복음이 확산되던 초기에 그 중심에 선 가장 강력한 인물이 바로 바울이었습니다. 바울은 스스로 말했듯이 교회를 심히 잔해하던 자였습니다. 그는 예수님을 대적하는 데 누구보다 열심이었고, 스데반이 순교할 때 그 현장을 기꺼이 승인한 사람이었습니다. 그러나 담대하게 교회를 무너뜨리던 그가 다메섹 도상에서 부활하신 예수님을 만나는 순간 완전히 다른 사람이 되었습니다.

바울의 회심은 단순히 신앙관의 변화가 아니라 존재 자체가 새롭게 창조되는 사건이었습니다. 그는 이전의 기준, 이전의 가치관, 이전의 열심을 모두 버리고 복음을 위해 자신을 내어놓는 사람으로 다시 태어났습니다.

바울은 위대한 전도자였고 신약성경에 열세 편의 서신을 남긴 신학자였으며 초대교회의 기초를 닦은 교회 개척자였습니다. 그러나 바울의 진정한 위대함은 업적이 아니라 그의 영성에 있었습니다. 그는 단순히 복음을 전한 사람이 아니라 복음을 삶으로 보여준 사람이었습니다.

그는 누구보다도 많이 알고 많이 가르치고 많이 사역했지만 그의 삶의 중심에는 자신이 아니라 언제나 예수 그리스도께서 자리하고 있었습니다. 바울의 영성은 지식이나 열정의 산물이 아니라 예수님을 만난 사람에게서 흘러나오는 생명의 증거였습니다.

특히 바울의 삶에는 채움 - 비움 - 누림이라는 분명한 영적 구조가 자리 잡고 있었습니다. 그는 예수 그리스도로 채워졌고, 자신의 옛 자아를 철저히 비웠으며, 그리스도 안에서 누리는 기쁨을 실제 삶에서 드러냈습니다. 이러한 바울의 영성은 새로운 개념이 아니라 바로 예수님이 먼저 걸어가신 영성을 그대로 따라간 것이었습니다. 그는 예수님을 단순히 믿은 것이 아니라 본받으며 따라갔습니다.

오늘 우리가 바울의 영성을 다시 묵상해야 하는 이유가 여기에 있습니다. 신앙이 지식으로 대체되는 시대, 종교적 행위는 많아도 영적인 능력이 약해지는 시대에 바울이 보여준 복음의 영성과 그의 영적 여정은 우리에게 다시 본질로 돌아가라고 강력하게 요청하고 있습니다.

바울의 영적 여정은 소수의 사람들에게만 허락된 비범한 길이 아니고 특별한 사람들만이 경험할 수 있는 예외적인 길도 아닙니다. 예수 그리스도를 따르는 성도라면 누구나 초대받고 기꺼이 따라 걸어야 할 보편적이고 본질적인 신앙의 길입니다.

바울이 경험한 영적 여정인 채움과 비움과 누림은 시대를 초월한 성도의 영적 구조이며, 하나님의 은혜 안에서 오늘 우리의 삶 속에서도 동일한 방식으로 적용되어야 합니다. 그러므로 우리는 바울의 삶을 바라보면서 그저 감탄만 할 것이 아니라 결단하고 그 길로 나아가야 합니다.

그 길을 따라갈 때 우리는 다시 채워지고, 비워지고, 누리며, 복음의 능력이 실제로 우리 안에서 살아 움직이는 은혜를 경험하게 될 것입니다. 그리고 그 은혜 속에서 우리는 바울처럼 자신의 한계를 넘어서 복음의 사람으로 세워지는 새로운 변화를 경험하게 될 것입니다.

바울의 채움의 영성

바울은 당대의 최고 율법학자인 가말리엘에게서 교육을 받은 뛰어난 지식인이었으며, 유대교 안에서도 특별히 존경받던 바리새인 가운데 바리새인이었습니다. 그는 혈통과 학문, 종교적 열심과 율법 준수에 있어서 누구와 비교해도 뒤지지 않는 사람이었고, 인간적인 기준으로 보면 흠잡을 데 없는 경건한 인물이었습니다.

그러나 바울은 다메섹 도상에서 예수 그리스도를 만난 이후 자신이 자랑스럽게 붙들고 있던 모든 배경과 업적을 전혀 다른 기준으로 바라보게 되었습니다. 바울에게 그리스도와의 만남은 단순한 신념의 수정 차원이 아니라 기존의 삶의 중심과 방향 자체를 뒤흔들어 무너뜨리고 새로워지는 결정적인 전환점이었습니다.

그는 이렇게 고백했습니다. "내 주 그리스도 예수를 아는 지식이 가장 고상하기 때문이라"(빌 3:8). 이 고백은 단순한 감정의 표현이 아니라 그의 삶 전체를 지배하던 가치 체계가 완전히 바뀌었음을 선언하는 신앙의 고백이었습니다. 바울의 중심에 그리스도가 자리잡자 그의 기준은 '자신이 얼마나 많이 알고 이루었는가'가 아니라 '예수님을 얼마나 더 깊이 알고 연합되어 있는가'로 바뀌었습니다.

그는 성취와 결과보다 관계와 변화에 초점을 두었고, 그리스도와의 연합 속에서 자신의 존재가 얼마나 새로워지는지를 삶의 궁극적 목표로 삼았습니다. 그래서 바울은 자신의 지식과 배경이 더 이상 자기 증명의 도구가 아니라 오직 그리스도를 드러내는 통로가 되기를 원했습니다.

J. I. 패커는 "하나님을 안다는 것은 단순한 정보의 축적이 아니라 그분과 연합된 관계 속에서 경험적으로 아는 것"이라고 말했습니다. 이 말은 바울의 채움의 영성을 정확히 설명해 줍니다. 바울은 단순히 신학적 지식을 더하는 사람이 아니었습니다. 그는 그리스도와 연합함으로 그분의 생명과 성품으로 채워지는 사람이었습니다. 그의 채움은 머리에 머무는 지식이 아니라 존재 전체를 새롭게 하는 생명의 채움이었습니다.

그리스도의 빛이 들어오면 영적 어둠이 저절로 물러나듯, 바울의 내면도 그리스도로 채워지자 그의 옛 자아와 과거의 자랑은 자연스럽게 힘을 잃기 시작했습니다. 그 과정 속에서 바울의 영성은 점점 더 그리스도로 채워지는 영성으로 분명하게 정리되었습니다. 그는 복음을 자신의 생명처럼 붙들었고, 복음의 진리를 체계적으로 이해하는 데서 멈추지 않고 삶 전체에 적용하면서 끊임없이 날마다 그리스도로 채워갔습니다.

바울에게 채움의 핵심은 복음적 정체성이었습니다. 그는 과거의 정체성을 내려놓고, 그리스도 안에서 새 사람으로 서는 것을 생명보다 귀하게 여겼습니다. 그에게 복음은 지식적 교리가 아니라 존재를 새롭게 빚어가는 생명의 지식이었습니다. 그래서 그는 말씀을 아는 데서 그치지 않고 성령 안에서 말씀과 하나의 삶을 이루는 실제적 변화를 이루어 나갔습니다.

조지 뮬러는 일평생 고아 사역과 수만 번의 기도 응답을 받은 사람으로 널리 알려져 있지만 그의 사역이 본격적으로 변화된 중요한 계기는 말씀 묵상의 회복이었습니다. 그는 초기에 기도는 오래 했지만 말씀을 깊이 묵상하지 않은 채 기도만 하다 보니 마음은 쉽게 공허해지고 기도는 흩어지기 쉽다는 사실을 깨달았습니다.

그러던 어느 날, 조지 뮬러는 성령님의 인도하심 가운데 말씀을 먼저 읽고 묵상하며, 그 묵상 속에서 기도가 자연스럽게 흘러나와야 한다는 깨달음을 얻었습니다. 그는 그 경험을 이렇게 기록했습니다. "오랫동안 나는 기도부터 시작했습니다. 그러나 기도는 종종 흩어졌고 마음은 차갑고 산만했습니다. 하지만 말씀을 먼저 묵상하기 시작하자 내 영혼은 즉시 하나님의 임재로 따뜻해졌고, 기도는 흘러넘쳤습니다."

그 이후 뮬러의 삶과 사역은 눈에 띄게 달라졌습니다. 그는 고아원 사역의 모든 필요를 하나님께 기도로만 아뢰었고, 말씀 묵상에서 흘러나온 믿음으로 단 한 번도 재정 모금을 하지 않았습니다. 그의 말씀 묵상은 개인적 영성에 머물지 않고 공동체적 섬김, 믿음의 확신, 기도의 능력으로까지 이어졌습니다.

이처럼 말씀 묵상은 단순한 경건 훈련이 아니라 존재의 변화를 일으키는 영적 통로입니다. 바울 역시 말씀을 통해 그리스도의 생명에 깊이 접붙여졌고, 그의 영성은 삶의 방향과 태도, 그리고 사명의 지속성 속에서 실제적인 변화로 뚜렷하게 나타났습니다.

바울은 사역 가운데서 흔들리지 않았고 극심한 고난 속에서도 후퇴하지 않았으며 기쁨을 잃지 않았습니다. 그 이유는 그의 기질이 강해서가 아니라 그의 영혼 중심에 복음과 예수 그리스도로 가득 채워져 있었기 때문이었습니다. 그의 채움의 영성은 사역을 떠받치는 힘이었고, 삶 전체를 지탱하는 영적 중심이었습니다.

바울의 비움의 영성

바울의 영성에는 채움과 함께 비움의 영성이 있었습니

다. 복음과 그리스도로 채워진 사람은 반드시 비움의 과정을 경험하게 됩니다. 바울은 자신이 목숨처럼 소중하게 여기며 붙잡고 있던 모든 것을 내려놓았습니다. 명예, 자존심, 지식, 종교적 자부심까지 모두 내려놓았습니다.

이것은 사실 현실적으로 쉽게 할 수 있는 일이 아닙니다. 그런데 놀랍게도 바울은 그 모든 것을 해로 여기고 배설물처럼 여겼습니다. 물론 이 비움은 단 한 번의 결단으로 완벽하게 이루어진 것은 아니었습니다. 그리스도의 빛 앞에서 자신의 모습을 돌아보며 지속적으로 계속해서 내려놓은 결과였습니다.

칼빈은 "자기를 아는 것은 자신의 무능을 아는 것이다"라고 했습니다. 바울의 비움은 이러한 복음적 자기 인식에서 비롯되었습니다. 그는 자신을 비우지 않으면 결코 그리스도로 충만하게 채워질 수 없다는 사실을 깊이 깨달았습니다. 그는 자신의 열심과 의로 하나님 앞에 설 수 없다는 인식과 스스로를 의지하던 모든 기반이 무너지는 경험 속에서 비움의 깊이를 더해갔습니다. 그의 비움은 자기 혐오나 패배주의가 아니라 참된 진리를 아는 데서 비롯된 겸손이었습니다.

두 상인이 험한 산을 넘다가 목숨을 위협하는 눈보라에 갇혀 바위틈으로 피신하게 되었는데 추위로 곧 얼어

죽을 상황이 되었습니다. 불을 피울 수 있는 땔감이 없자 그들은 자신들이 지니고 있던 두툼한 지폐 뭉치를 꺼내 불을 피웠습니다.

그 돈은 그들에게 소중한 자산이었지만 생명을 지키기 위해서는 아낌없이 태워야 했습니다. 마침내 그 불의 연기를 본 구조대원들에 의해 그들은 살아날 수 있었습니다. 위기의 순간에 그들에게 중요한 것은 돈이 아니라 생명이었고, 붙들고 있던 것을 내려놓을 때 비로소 살 수 있는 길이 열렸습니다.

바울의 비움은 바로 이러한 결단이었습니다. 그는 단순히 손해를 감수한 것이 아니었습니다. 생명을 얻기 위해 생명을 위협하던 것들을 내려놓은 것이었습니다. 그리고 그는 무엇을 버리느냐보다 누구를 얻느냐가 더 중요하다는 사실을 알았습니다. 바울의 비움은 손실이 아니라 생명을 주시는 그리스도를 온전히 붙들기 위한 필연적 선택이었습니다. 그에게 비움은 상실이 아니라 방향 전환이었고, 손해가 아니라 더 큰 생명으로 나아가는 통로였습니다.

예수님도 스스로 자신을 비워 종의 형체를 가지셨습니다. 바울은 예수님의 비움을 단순히 모방하려 하지 않았습니다. 그는 비움이 예수 그리스도의 생명 안에 들어간

자가 필연적으로 걷게 되는 영적 여정임을 깨달았습니다. 예수님께서 자신을 비우심으로 아버지의 뜻에 온전히 순종하셨듯이 바울 역시 자신 안에 남아 있는 옛 자아와 세상의 가치를 내려놓을 때 비로소 예수님으로 더 깊이 채워진다는 것을 체험했습니다.

바울은 예수 그리스도를 더 깊이 알고 얻고자 할수록 더 낮아지고 더 비워지고 더 순종하는 자리로 나아갔습니다. 그의 비움은 한순간의 결단이 아니라 세월이 흐를수록 점점 더 철저해지는 영적 과정이었습니다. 이 변화는 그의 서신 속에서 자신을 바라보는 시선이 어떻게 달라졌는지를 통해 분명하게 드러났습니다.

바울은 AD 54-55년경, 고린도 교회에 보낸 서신에서 자신을 '사도 중에 지극히 작은 자'(고전 15:9)라고 고백했습니다. 이는 죽음을 약 10여 년 앞둔 시점에 나온 고백이었습니다. 이후 시간이 지나 AD 60-62년경, 에베소서를 기록할 무렵에는 자신을 '모든 성도 중에 지극히 작은 자보다 더 작은 자'(엡 3:8)라고 표현했습니다. 그리고 생애의 끝자락인 AD 62-64년경, 디모데에게 보낸 편지에서는 자신을 '죄인 중의 괴수'(딤전 1:15)라고 고백했습니다. 바울의 비움은 사역이 깊어질수록, 연륜이 쌓일수록 더 깊어졌고, 그의 자기 인식은 점점 더 낮아졌습니다.

　이러한 비움은 억지로 자신을 부정하거나 스스로를 깎아내리는 태도가 아니었습니다. 그것은 예수 그리스도를 실제로 경험한 사람에게서 자연스럽게 흘러나온 결과였습니다. 바울의 비움은 자기 부인이었고, 자아 중심적 사고와 자기 방어, 자기 확신과 자기 영광을 내려놓는 지속적인 훈련이었습니다. 그는 복음을 위하여 기꺼이 약해지고, 스스로 종이 되며, 낮아지는 길을 선택했습니다. 바울은 자신의 약함을 숨기지 않았고, 오히려 그 약함 속에 하나님의 능력이 머문다는 사실을 점점 더 분명히 깨달아 갔습니다.

　비움은 결코 손해가 아닙니다. 비움은 하나님의 임재를 위한 공간을 여는 행위입니다. 사람의 것으로 가득 찬 영혼에는 하나님이 머무실 자리가 없습니다. 그러나 비워진 영혼은 성령이 일하시는 거룩한 그릇이 됩니다. 바울의 비움은 자신을 지우는 행위가 아니라 하나님이 일하실 자리를 내어드리는 신앙의 선택이었습니다. 바울의 비움의 영성은 비워진 만큼 채워지고, 낮아진 만큼 높아지는 역설의 영성이었습니다.

바울의 누림의 영성

바울의 영성은 그리스도와 하늘을 누리는 영성이었습니다. 그는 이렇게 고백했습니다. "내가 그리스도와 함께 십자가에 못 박혔나니 그런즉 이제는 내가 사는 것이 아니요 오직 내 안에 그리스도께서 사시는 것이라"(갈 2:20). 이 고백은 단순한 신앙적 표현이 아니라 바울의 삶 전체를 규정한 존재의 선언이었습니다.

바울에게 그리스도와의 연합은 관념이 아니라 현실이었고, 그는 그 현실 속에서 그리스도의 생명을 누리며 살았습니다. 이 누림은 바울을 세상으로부터 도피하게 만들지 않았습니다. 오히려 그를 세상 한가운데로 이끌었습니다. 바울은 그리스도를 누렸기 때문에 멈추지 않았고, 하늘을 누렸기 때문에 더 멀리 나아갈 수 있었습니다. 그의 누림은 자기만족으로 닫히는 영성이 아니라 복음을 전하도록 그를 밀어내는 힘이었습니다.

바울은 선교 사역 중 어떤 환경에서도 흔들리지 않았습니다. 옥중에서도 찬양했고, 풍부와 결핍의 자리에서도 자족을 배웠습니다. 그는 옥중에서 성도들에게 권했습니다. "주 안에서 항상 기뻐하라 내가 다시 말하노니 기뻐하라"(빌 4:4). 이 기쁨은 현실을 외면한 감정적 위로가 아니었습니다. 그것은 예수 그리스도와의 연합에서 흘러나온 기쁨이었고, 하나님과 동행하는 삶에서 길러진 실제적인 기쁨이었습니다.

바울의 기쁨은 환경이 주는 기쁨이 아니라 환경을 초월하는 기쁨이었습니다. 그는 상황이 좋아서 기뻐한 것이 아니라 그리스도 안에 있기 때문에 기뻐할 수 있었습니다. 쇠사슬은 그의 몸을 묶을 수는 있었지만 그리스도 안에서 누리는 자유와 기쁨까지는 묶지 못했습니다. 이 자유는 그를 침묵하게 하지 않았고, 오히려 복음을 더욱 분명히 증언하게 했습니다.

바울은 현실의 고난보다 하늘의 영광을 더 실제로 보았고, 세상의 어둠보다 예수 그리스도의 임재를 더 분명히 누렸습니다. 그의 누림의 영성은 미래의 천국을 기다리는 소극적 태도가 아니라 지금 이 땅에서 천국을 미리 살아내는 능동적 영성이었습니다. 그는 보이지 아니하는 것을 바라보며 살았고(고후 4:18), 장차 나타날 영광을 현재의 고난보다 더 무겁고 실제적인 것으로 여겼습니다.

이 하늘의 시선은 바울을 현실에서 도망치게 하지 않았습니다. 오히려 그를 더 깊이 현실 속으로 파송했습니다. 그는 고난을 피하지 않았고, 위험을 계산해 사명을 조절하지도 않았습니다. 누림은 그에게 안주가 아니라 파송이었고, 쉼이 아니라 사명의 방향을 분명히 해 주는 내적 동력이었습니다.

누림의 은혜는 채움과 비움을 통과한 사람만이 경험할 수 있습니다. 그리고 이 누림은 신앙 여정의 종착지가 아니라 복음이 흘러가기 시작하는 지점입니다. 바울에게 누림은 개인적 완성의 표지가 아니라 복음을 위해 자기 생명을 다시 내어놓게 만드는 힘이었습니다. 그는 누렸기 때문에 전했고, 누렸기 때문에 고난을 감당했습니다.

바울의 누림은 값싼 위로나 자기 위안이 아니었습니다. 그것은 그리스도로 채워지고, 자아와 세상을 비우는 과정을 통과한 뒤에 주어진 깊은 은혜였습니다. 채움이 삶의 방향을 세웠고, 비움이 장애물을 제거했다면 누림은 그 길 위에서 복음을 위해 자신을 다시 사용하도록 이끄는 하나님의 선물이었습니다.

바울은 성도들에게 말했습니다. "우리의 시민권은 하늘에 있는지라"(빌 3:20). 이 고백은 단순한 위로의 말이 아니라 그의 삶의 정체성이었습니다. 그는 로마 시민권보다 하늘의 시민권을 더 자랑스럽게 여겼고, 하늘 시민의 정체성은 그를 로마의 감옥에서도, 선교의 길 위에서도 흔들리지 않게 했습니다. 그에게 하늘의 시민으로 산다는 것은 땅을 떠난다는 뜻이 아니라 하늘의 질서를 가지고 땅을 살아낸다는 의미였습니다.

그래서 바울의 누림의 영성은 선교로 자연스럽게 흘러 갔습니다. 그는 그리스도를 누렸기 때문에 침묵할 수 없었고, 하늘을 맛보았기 때문에 아직 그 기쁨을 알지 못하는 사람들에게로 나아갔습니다. 그의 선교는 의무가 아니라 넘침이었고, 사명은 부담이 아니라 누림의 연장이었습니다.

바울의 누림의 영성은 특별한 사도에게만 허락된 비범한 경지가 아니었습니다. 그리스도로 채워지고, 자신을 비우며, 성령 안에서 살아가는 모든 성도에게 열려 있는 삶의 방식이었습니다. 누림은 신앙의 사치가 아니라 복음이 제대로 작동할 때 반드시 나타나는 열매이며, 그 열매는 언제나 선교라는 방향으로 흘러가게 되어 있습니다.

오늘 우리도 바울처럼 복음으로 숨 쉬는 삶을 살아야 합니다. 그의 영성을 본받아 그가 걸어간 길을 따라가야 합니다. 바울처럼 복음으로 숨 쉬는 영성을 가져야 합니다. 그러기 위해 우리는 자신에게 질문해 보아야 합니다. '나는 무엇으로 채우고 있는가? 나는 무엇을 비우지 못하고 있는가? 나는 복음을 누리고 있는가, 아니면 그저 버티며 신앙생활을 하고 있는가?' 이 질문 앞에 정직하게

서는 것이 바울의 영성을 따르는 첫걸음입니다.

바울의 영성은 오늘 우리를 다시 복음의 자리로 부르고 있습니다. 예수 그리스도를 모시고, 자신을 낮추고 비우며, 하늘을 맛보는 영성의 여정으로 들어가야 합니다. 그리고 바울에게 누림이 곧 선교였듯이 참된 누림은 개인의 내적 만족에 머무르지 않고, 삶의 방향을 바꾸어 우리를 다시 세상으로 보내는 힘이 되어야 합니다.

예수 그리스도 안에 머무는 사람에게 성령님은 바울에게 역사하셨던 것과 동일한 생명력과 기쁨을 부어 주십니다. 그 생명력은 삶을 지탱하는 힘이 될 뿐 아니라 아직 복음을 알지 못하는 이들을 향해 나아가게 하는 내적 추진력이 됩니다. 성령님께서 주시는 기쁨은 삶을 움직이게 하는 능력이며 사명의 방향을 분명히 하는 빛입니다.

바울의 영성은 특별한 사람에게만 주어진 것이 아니라 모든 성도가 걸어가도록 초청받은 복음의 길이었습니다. 우리가 이 길을 따라갈 때 우리의 삶도 바울처럼 예수 그리스도로 가득한 향기가 되어 세상 가운데로 퍼져나가게 될 것입니다. 그 향기는 말보다 먼저 삶으로 전해지고, 존재 자체가 복음의 증언이 되게 합니다.

이 길은 단번에 완성되는 성취의 길이 아니라 날마다 복음으로 돌아가는 반복의 길입니다. 말씀으로 다시 채워지고, 자아를 다시 비우며, 성령 안에서 다시 누리는 삶의 훈련입니다. 그 과정 속에서 성도는 점점 자신을 의지하지 않고 그리스도를 의지하는 사람으로 빚어져 갑니다.

그렇게 빚어진 삶은 말보다 먼저 증언이 되고, 존재 자체로 복음을 드러내는 선교적 삶이 됩니다. 바울처럼 복음으로 살고 복음으로 흘러가는 삶, 그것은 누림의 영성이 도달하게 되는 가장 성숙한 자리입니다.

이때 성도의 삶은 자신을 증명하려는 데서 하나님의 은혜에 응답하는 방향으로 정렬됩니다. 또한 이 누림은 개인의 만족에 머무르지 않고, 가정과 교회와 세상 속에서 하나님의 뜻을 조용하면서도 분명하게 드러내는 삶으로 이어집니다.

■ **적용을 위한 질문**

1. 채움의 영성을 위한 질문
1) 나는 지금 무엇으로 나의 정체성을 채우고 있는가? 바울처럼 과거의 자랑과 배경을 내려놓고 '예수 그리스도를 아는 지식'으로 채우고 있는가, 아니면 여전히 세상적 성공과 인정이 나의 기준이 되고 있는가?

2) 하나님의 말씀과 기도가 실제로 나의 내면을 변화시키고 있는가? 조지 뮬러가 말씀 묵상에서 기도의 능력을 회복했던 것처럼, 나는 말씀 속에서 예수 그리스도의 생명으로 채워지는 경험을 하고 있는가?

2. 비움의 영성을 위한 질문

1) 나는 무엇을 버리지 못해서 아직도 자유하지 못한가? 바울이 종교적 자부심, 명예, 자아를 배설물처럼 버렸던 것처럼 나는 비워야 한다는 것을 알면서도 붙들고 있는 옛 자아의 요소는 무엇인가?

2) 내가 버리면 손해라고 느끼는 바로 그 지점이 사실은 생명을 얻는 자리임을 믿고 있는가? 바울이 생명을 위해 모든 것을 내려놓았듯이 나는 하나님을 얻기 위해 무엇을 내려놓을 결단을 하고 있는가?

3. 누림의 영성을 위한 질문

1) 나는 고난의 현장에서도 예수 그리스도를 누리는 신앙을 갖고 있는가? 바울이 감옥에서도 찬양하고 기뻐했던 것처럼, 나의 신앙은 환경을 넘어서 하늘의 기쁨을 누리는 자리까지 나아가고 있는가?

2) 지금 나의 신앙은 버티는 신앙인가, 누리는 신앙인

가? 바울처럼 현재의 삶에서 천국을 미리 맛보는 기쁨이 있는가, 아니면 의무감으로 신앙생활을 지속하고 있는가?

■ 기도

주님, 바울이 걸어간 영적 여정을 오늘 우리에게도 허락하소서.

먼저 예수 그리스도로 채워지는 영성을 주옵소서. 세상적 기준이 아닌, 예수 그리스도를 아는 지식이 최고의 가치임을 바울처럼 고백하게 하시고 말씀과 기도의 자리에서 성령의 생명으로 충만히 채워지게 하소서.

또한 나를 비울 수 있는 영성을 허락하소서. 바울이 과거의 모든 자랑을 배설물로 여겼듯이 내 안의 교만, 자존심, 두려움, 자기 확신을 내려놓게 하소서. 내 뜻보다 주님의 뜻이 앞서게 하시고 비움의 자리에서 더 깊이 그리스도를 얻는 은혜를 누리게 하소서.

그리고 예수 그리스도를 누리는 영성을 회복하게 하소서. 바울이 옥에서도 찬양하고 고난 속에서도 기뻐했던 것처럼 환경을 초월한 하늘의 평안과 기쁨을 경험하게 하시고 이 땅에서도 천국의 삶을 살아가게 하소서. 누림이 내 삶의 영적 호흡이 되게 하시고 나의 존재 전체가 복음의 향기가 되게 하소서.

주님, 바울에게 역사하신 성령님께서 오늘 우리에게도 동일하게 임하심을 믿습니다. 우리의 삶을 채우시고, 비우시고, 누리게 하셔서 바울이 걸었던 복음의 길과 그의 영성의 여정을 따르게 하소서. 그 길에서 우리 구주 예수 그리스도의 생명이 선명하게 드러나게 하소서. 예수님의 이름으로 기도드립니다. 아멘.

제2장

복음서 저자들의 영성

마태의 영성

마태는 초대교회의 수많은 제자 가운데 특별한 위치를 차지하는 인물입니다. 그는 예수님의 열두 제자 중의 한 사람이었고, 복음서 가운데 가장 유대적 색채가 짙은 마태복음을 기록했습니다. 그의 영성은 단순한 제자도의 모범을 넘어 구속사의 흐름 속에서 복음으로 자신의 삶을 재해석한 신학적 영성이었습니다.

마태복음은 구약과 신약을 연결하는 다리 역할을 하는 복음서로 평가됩니다. 마태복음에 "이는 선지자를 통하여 말씀하신 바를 이루려 하심이라"라는 표현이 반복해서 등장하는 것은 마태가 예수님의 사역을 구약의 약속이 성취되는 구속사적 관점에서 이해했기 때문이었습니다. 이러한 해석학적 구조는 "신약은 구약 속에 감추어져 있고, 구약은 신약 안에서 드러난다"는 성경신학자 게할더스 보스의 명제를 통해 더욱 명료해집니다.

마태에게 복음은 새로 등장한 종교가 아니라 오래전부터 준비되어 온 하나님의 약속이 현실 속에서 성취된 사건이었습니다. 유대 전통을 깊이 이해하고 있었던 그는 예수님을 다윗 왕조의 후손이자 이스라엘의 참된 메시아로 제시함으로써 구약 신앙을 뿌리에 두고 있던 유대인 독자들에게 예수님이 바로 그 기다리던 구원자임을 설득력 있게 증언했습니다. 이는 단순한 정보 전달이 아니라 신앙의 연속성을 회복하려는 목회적 의도이기도 했습니다.

그러나 이러한 신학적 통찰과 영적 깊이에도 불구하고 그의 출발점은 결코 영광스럽지 않았습니다. 그는 본래 세리였습니다. 당시 유대 사회에서 세리는 죄인 중의 죄인으로 취급되었습니다. 그들은 로마 정부의 세금 징수를 대신하는 과정에서 종종 부당하게 더 거두어 착복했습니다.

그래서 사람들은 세리를 거짓되고 부정한 자로 여겼으며 바리새인들은 그들과 함께 식사하는 것조차 부정하게 여겼습니다. 세리는 사회적·종교적·정서적 거리두기의 대상이었습니다. 마태의 영성은 이상적인 신앙 환경에서 형성된 것이 아니었습니다. 철저한 배제와 멸시의 현실 속에서 빚어졌습니다. 이 점이 우리에게 더욱 깊은 울림을 주고 있습니다.

마태의 채움의 영성

마태는 유대 사회에서 철저히 고립된 채 혐오와 조롱 속에서 오랜 세월을 보냈습니다. 그러나 그 고립의 긴 시간은 어떤 면에서는 예수님의 말씀을 온전히 받아들일 수 있는 내면의 빈자리를 만들고 있었습니다. 사람들로부터 밀려난 자리는 하나님의 은혜가 들어올 수 있는 자리가 됩니다.

어느 날 예수님이 세관 앞을 지나가시다가 마태를 보시고 "나를 따르라"고 부르셨습니다. 마태는 말씀을 듣고 즉시 일어나 예수님을 따랐습니다. 이는 마태의 인생을 뒤바꾼 가장 결정적인 사건이었습니다. 하지만 그는 그 순간을 자신이 쓴 마태복음에서 장황하게 설명하지 않았습니다. 복잡한 마음을 토로하지도 않았고, 자신이 어떤 갈등을 거쳤는지도 서술하지도 않았습니다. 그저 "일어나 따르니라"(마 9:9)는 짧은 문장만 남겼습니다.

이 단순한 기록은 오히려 그가 받은 은혜의 깊이가 어떠했는지 잘 보여줍니다. 참된 은혜는 언어의 장식이 필요 없습니다. 마음 깊은 곳이 움직이는 순간 사람은 계산하거나 망설일 필요 없이 일어설 수 있고 자신의 모든 것을 걸 수 있습니다. 마태가 세관에서 일어나 예수님을 따라간 일은 단순한 직업의 전환이나 소소한 변화가 아니었습니다. 그의 전 인생이 뒤집히는 전환점이었다. 그의 영성의 여정은 예수님의 부름에 대한 응답에서 시작되었습니다.

예수님은 "건강한 자에게는 의사가 쓸 데 없고 병든 자에게라야 쓸 데 있느니라 … 나는 의인을 부르러 온 것이 아니요 죄인을 부르러 왔노라"(마 9:12-13)고 말씀하셨습니다. 이 선언은 마태 자신의 삶을 규정한 복음의 핵심이었습니다. 그는 이 말씀을 교리가 아니라 자신의 존재 전체로 이해한 사람이었습니다.

예수님의 말씀은 그의 영혼의 깊은 곳을 가득히 채웠고 그 말씀은 그가 오랫동안 품고 있던 죄책감과 수치심을 몰아냈습니다. 부당하게 세금을 거두며 살아온 지난날의 어두운 그림자, 스스로도 지우기 어려웠던 자기 혐오, 세상 사람들의 멸시와 조롱이 남긴 상처들은 그 말씀 앞에서 조금씩 빛을 잃기 시작했습니다. 자기 스스로를 정죄하던 내면의 목소리가 조용해졌고 사람들의 비난보다 예수님의 말씀이 더 크게 들리기 시작했습니다. 그러면서 마태의 중심은 은혜로 채워졌고 말씀은 그의 존재를 완전히 새롭게 만들었습니다.

우리는 이 지점에서 영성 신학의 중요한 원리인 은혜의 선행성을 확인하게 됩니다. 인간의 변화는 인간 스스로의 노력이나 결단에서 출발하지 않습니다. 변화의 주도권은 항상 하나님께 있고 하나님이 먼저 다가오시는 사건이 없으면 어떤 영적 여정도 시작되지 않습니다.

이것은 성경 전체와 기독교 전통이 일관되게 증언해 온 진리입니다. 초대교회의 교부였던 어거스틴은 이렇게 말했습니다. "하나님께서 먼저 우리를 찾으시지 않으시면 우리는 그분께 돌아갈 수 없습니다." 인간이 하나님을 찾는 것처럼 보이지만 실제로는 하나님께서 먼저 찾아오십니다.

어거스틴은 변화의 과정에서 이 사실을 분명히 경험했습니다. 그래서 그는 『고백록』을 통해 인간의 의지가 죄의 속박 아래 있다는 사실을 강조하며 은혜가 없다면 하나님을 향한 어떤 움직임도 일어날 수 없음을 강조했습니다.

종교개혁자 존 칼빈도 동일한 원리를 반복적으로 강조했습니다. 그는 "하나님의 은혜는 인간 의지보다 앞서 역사하신다"라고 선언했습니다. 인간 의지는 은혜가 주어져야 비로소 반응할 수 있으며, 하나님께서 먼저 문을 두드리셔야 인간은 응답할 수 있습니다. 칼빈의 설명은 은혜가 단지 보조적 요소가 아니라 영적 변화의 출발점이라는 사실을 신학적으로 명확하게 합니다.

이처럼 은혜의 선행성은 단순한 교리가 아니라 마태의 실제 경험이었습니다. 예수님께서 먼저 오셨고, 먼저 말씀하셨고, 먼저 그를 불러주셨습니다. 마태의 채움의 영성은 이 선행하시는 은혜의 충만함에서 비롯되었습니다. 만약 예수님께서 그의 자리까지 찾아오지 않으셨다면 마태는 여전히 세관 책상 앞에서 수치와 고립 속에 남아 있었을 것입니다. 그러나 하나님은 은혜로 먼저 다가오셨고, 그 은혜는 마태의 마음을 채웠으며, 그 충만함은 그의 영적 생애 전체를 이끄는 출발점이 되었습니다.

결국 마태의 채움의 영성은 단순히 지식이나 정보가 채워지는 차원을 넘어서 존재가 새로워지는 채움이었습니다. 은혜가 들어오자 죄책감이 사라졌고, 부르심이 들리자 수치심이 물러갔습니다. 이 채움은 성령님의 역사에 의한 것이었고, 하나님의 선행적 사랑이 만든 새로운 삶의 시작이었습니다.

마태의 비움의 영성

마태의 비움은 자신을 억압하는 금욕이나 의지적 포기가 아니었습니다. 그것은 세상이 그에게 부여해 온 규정과 낙인을 내려놓는 전환의 과정이었습니다. '너는 세리다, 너는 배제되어야 한다'는 사회적 판단 속에 자신을 가두어 왔던 삶의 구조를 해체하는 일이 비움의 출발점이었습니다.

예수님을 따르는 여정 속에서 마태는 고립의 자리를 떠나 관계의 자리로 나아갔습니다. 비움은 자기 존재를 소멸시키는 행위가 아니라 하나님 나라가 임할 수 있도록 내면의 문을 여는 작업이었습니다. 그가 비운 것은 물질이나 직업 이전에 사람을 나누고 경계를 긋던 배제의 시선이었습니다.

이로써 마태의 비움은 도덕적 자기 관리가 아니라 복음에 기초한 환대의 영성으로 드러났습니다. 그는 더 이상 홀로 서 있는 존재가 아니라 예수 그리스도와 더불어 공동체 안에 서는 제자로 변화되었습니다. 비움은 고립으로 향하는 길이 아닙니다. 오히려 함께 살아가는 삶으로 이끄는 복음의 방식입니다.

예수님의 부름을 받은 마태의 심령이 은혜로 채워지자 비움의 과정이 뒤따라왔습니다. 마태는 예수님을 따르기로 결정한 후 적지 않은 것들을 비워내야 했습니다. 직업을 포기하고, 안정된 삶의 구조를 내려놓아야 했습니다.

그러나 마태에게 가장 중요한 비움은 외적인 것이 아니라 내적인 것이었습니다. 그는 세리로 살면서 깊은 죄책감과 자기 혐오와 수치심을 품고 있었습니다. 마태는 예수님을 따르면서 그 감정들을 비우기 시작했습니다. 비움은 단번에 이루어지지 않았습니다. 예수님과 함께 걷는 시간 속에서 서서히 이루어지고 예수님의 말씀을 들으면서 조금씩 새로운 정체성이 만들어졌습니다.

비움이란 단순한 포기가 아닙니다. 비움은 하나님을 위한 공간을 만드는 작업입니다. 토마스 머튼은 "비움은 우리 안의 거짓 자아를 내려놓고 참 자아를 회복하는 과정"이라고 했습니다. 머튼의 말대로 마태의 비움은 세상이 규정한 거짓된 마태를 내려놓고 하나님 안에서 새롭게 주어진 참된 자아를 받아들이는 여정이었습니다.

마태는 세상이 자신에게 부여했던 죄인, 매국노, 부정한 자라는 낙인을 하나씩 비워냈습니다. 그리고 그 빈 자리에 예수님의 부르심 안에서 제자, 택하심을 받은 자, 복음을 전하는 자라는 새로운 정체성을 받아들였습니다.

마태는 복음서를 기록하면서 그의 비움의 영성을 드러냈습니다. 그는 자신을 내세우지 않았습니다. 마태복음에는 그의 경험이나 업적이 거의 등장하지 않습니다. 오히려 그는 복음서 전체를 통해 예수님이 어떤 분이신지를 드러내는 데 집중했습니다. 이것이 그의 비움의 영성이었습니다.

마태는 자신을 낮추고 예수님을 높였습니다. 자신의

혼적을 줄이고 복음의 혼적만 남겼습니다. 이것이 마태
가 선택한 삶의 방식이었고, 복음서를 기록하며 의도적
으로 선택한 서술 방식이었음을 신학적으로 추론할 수
있습니다.

또한 마태는 복음서를 쓰면서 자신의 과거를 과도하게
미화하거나 변명하지 않았습니다. 세리였던 자신의 정
체성을 숨기기는커녕 열두 제자의 명단을 기록할 때 그
는 스스로를 '세리 마태'(마 10:3)라고 명시했습니다. 이
는 단순한 자기소개가 아니라 과거의 정체성을 숨기지
않고 은혜로 새롭게 된 현재의 자신을 드러내는 행위였
습니다. 다시 말해서 마태에게 비움은 부끄러운 과거를
지우는 것이 아니라 그 과거가 은혜로 새롭게 해석되는
자리까지 나아가는 것이었습니다.

비움은 하나님을 향한 신뢰의 표현입니다. 비워낼수록
새로운 은혜가 임할 수 있는 공간이 열리게 됩니다. 마태
의 비움은 그의 존재 전체를 변화시키는 영적 여정이었
고, 그 비움이 있었기에 하나님은 그에게 더 크고 깊은
사명을 맡기실 수 있었습니다. 결국 비움은 더 큰 채움을
위한 통로였고 영적 성숙을 위한 필수적인 과정이었습
니다.

영성 신학의 관점에서 볼 때 비움은 단순한 인간의 노

력이나 금욕적 태도가 아닙니다. 하나님 나라의 현실을 담아내기 위한 심령의 구조 재편 작업입니다. 마태는 이를 자신의 삶과 저술을 통해 보여주었습니다. 그리고 그의 비움의 영성은 오늘을 사는 신자들에게도 동일한 도전을 던집니다. 비움의 여정은 결핍을 만드는 것이 아니라 도리어 충만하게 하는 은혜의 길입니다.

마태의 누림의 영성

마태는 비워내는 삶의 과정을 지나 은혜를 깊이 받아들이는 자리로 나아갔고, 그 자리에서 누림의 영성이라는 새로운 차원을 경험하게 되었습니다. 그가 누린 가장 큰 은혜는 새로운 삶을 얻게 되었다는 정도가 아니라 복음 그 자체가 주는 기쁨과 자유였습니다.

마태는 자신이 만난 복음의 영광을 설명하기 위해 여러 비유를 기록했습니다. 그중에서 핵심이 되는 비유가 바로 보화의 비유입니다. "천국은 마치 밭에 감추인 보화와 같으니 사람이 이를 발견한 후 숨겨 두고 기뻐하며 돌아가서 자기의 소유를 다 팔아 그 밭을 사느니라"(마 13:44).

이 말씀은 단순히 천국의 가치를 설명하기 위한 교훈적 이야기가 아니라 마태 자신의 신앙 고백이었습니다.

그는 천국을 발견한 농부처럼 복음 안에서 말할 수 없는 기쁨을 누렸습니다. 모든 것을 버릴 수 있었던 이유도, 새로운 삶을 기쁨으로 선택할 수 있었던 이유도 바로 그가 발견한 하나님 나라의 가치가 이전의 모든 것보다 크다는 것을 체험했기 때문이었습니다.

마태는 과거의 굴레에서 벗어나 자유를 누렸습니다. 세리였던 자신의 정체성, 사람들의 조롱, 사회적 고립이 그의 삶을 옥죄고 있었지만 예수님의 부르심과 수용은 그에게 존재론적 해방을 주었습니다. 죄인이던 자가 제자가 되고, 버림받은 자가 부르심을 받는 극적인 변화를 통해 그는 하나님 나라의 실재를 맛본 증인이 되었습니다. 그에게 누림은 단순한 감정적 만족이 아니라 새로운 존재로 살아가는 기쁨이었습니다.

그래서 마태복음에는 천국 비유가 가장 풍성하게 기록되어 있습니다. 누룩처럼 조용히 퍼지는 하나님 나라의 능력, 씨앗처럼 작지만 장차 큰 나무가 되는 복음의 생명력, 값으로 환산할 수 없는 보화의 기쁨이 반복하여 등장하고 있습니다. 이는 단지 신학적 설명이 아니라 마태가 실제로 누렸던 영적 체험이 반영된 서술 방식입니다. 마태의 누림의 영성은 삶의 깊은 자리에서 흘러나온 내적 충만이었습니다. 그래서 마태복음의 문장들에는 설명

이상의 온기와 생명이 담겨 있습니다.

마태복음이 족보로 시작하는 것도 그의 누림의 영성과 깊이 연결되어 있습니다. 예수님의 탄생 족보에는 이방 여인과 상처 많은 인물이 그대로 포함되어 있습니다. 그들의 이름은 당시 사회적 관점에서는 결코 당당히 드러낼 수 있는 이름들이 아니었습니다. 그러나 마태는 이들을 숨기지 않고 그대로 기록했습니다. 그것은 과거의 상처와 실패가 은혜 안에서 새롭게 해석된다는 사실을 몸으로 경험했기 때문이었습니다.

자신도 세리라는 낙인이 있었던 사람으로서 하나님께서 누구도 배제하지 않고 구원 역사 안으로 초대하신다는 사실 자체가 그의 깊은 누림이었습니다. 이러한 시선은 은혜를 누리는 사람에게만 가능한 시선이었으며, 마태는 이를 복음서의 시작부터 선포했습니다.

마태복음은 '임마누엘', 즉 하나님이 우리와 함께 계신다는 선언으로 시작됩니다. 그리고 내가 세상 끝날까지 너희와 항상 함께 있으리라는 예수님의 약속으로 마무리됩니다. 시작도 동행이고 마지막도 동행입니다. 이러한 구조는 우연이 아닙니다. 마태복음 전체는 서두와 결말이 동일한 신학적 주제를 공유하며 하나의 메시지를 형성하는 수미상관적(inclusio) 구성으로 짜여 있습니다.

이는 마태복음이 처음부터 끝까지 '임마누엘 신학'을 중심축으로 삼고 있음을 보여줍니다.

이러한 문학적·신학적 구조는 마태가 경험한 누림의 정점을 드러낸 것이었습니다. 하나님이 함께하신다는 사실 자체가 그의 인생을 지탱한 가장 큰 기쁨이었습니다. 그는 그 기쁨을 자신의 신앙 고백에 머물게 하지 않고 복음서 전체의 틀 속에 의도적으로 녹여냈습니다. 마태에게 누림은 감정의 충만이 아니라 하나님과 동행하는 현실 그 자체였습니다.

마태에게 임마누엘은 교리가 아니라 삶의 재해석이었습니다. 하나님이 '함께 하신다'는 사실은 세리였던 자신의 과거, 제자가 된 현재, 그리고 교회를 향한 미래의 사명까지 하나로 꿰는 해석의 열쇠였습니다. 이 동행의 확신이 있었기에 그는 자신의 이야기를 감추지 않았고, 복음을 세상 앞으로 내어놓을 수 있었습니다.

마태는 이 누림을 자신 안에만 가두어 두지 않았습니다. 그는 복음서를 기록함으로써 자신이 경험한 은혜를 모든 세대, 모든 민족에게 흘려보내는 사명으로 전환했습니다. 누림의 영성을 가진 사람은 자신이 받은 은혜를 나누지 않고는 견딜 수 없게 됩니다.

그래서 마태복음은 은혜를 누린 자가 은혜를 흘려보내

는 영적 통로가 되었고, 누림은 머무름이 아니라 흘려보
냄으로 완성된다는 사실을 분명히 보여주었습니다. 누
림은 자연스럽게 선교로 확장됩니다. 이것은 누린 사람
에게서 공통적으로 나타난 현상이었습니다.

누림의 영성은 하나님 나라의 기쁨을 맛본 자가 누리
는 내적 충만이고, 그 충만이 다시 선교적 사명으로 이어
지는 역동적 과정입니다. 마태는 그 길을 걸었고, 그의
기록은 지금도 수많은 그리스도인을 그 누림의 여정으
로 초대하고 있습니다. 오늘 우리 또한 마태처럼 복음을
누리는 자로 머무르지 않고, 복음을 전하는 자로 살아가
도록 부름받았습니다. 은혜를 누린 삶은 반드시 세상을
향한 하나님의 통로가 되어야 합니다.

마태의 삶에는 채움 - 비움 - 누림의 삼중 영성이 선명
하게 드러납니다. 그의 이야기는 먼저 예수님의 부르심
이라는 선행 은혜로 시작되었습니다. 마태는 자신의 준
비나 의지보다 먼저 다가온 은혜로 새로운 길을 걷게 되
었으며, 이 은혜는 그의 삶을 채우고 새로운 정체성을 형
성하는 기반이 되었습니다.

채움은 곧 비움으로 이어졌습니다. 마태가 내려놓아야
했던 것은 단순히 직업이나 안정된 삶의 구조가 아니었

습니다. 오랫동안 자신을 괴롭혀온 죄책감, 사회적 낙인, 세리라는 신분에서 비롯된 왜곡된 자아를 비워내야 했습니다. 비움은 단순한 포기가 아니라 하나님을 위한 공간을 마련하는 영적 재편성이었습니다. 이를 통해 그는 새로운 자신과 하나님께서 주시는 은혜를 받아들일 준비를 했습니다.

비워진 자리에는 누림이 찾아왔습니다. 마태는 하나님 나라의 기쁨과 임마누엘, 곧 하나님과 함께하심의 은혜를 자신의 삶 속에서 누렸고, 그 기쁨을 복음서로 온 교회와 세상에 흘려보냈습니다. 그의 누림은 설명이 아니라 선포였고, 개인적 만족을 넘어 하나님 나라의 확장으로 이어졌습니다.

마태의 삼중 영성은 단지 한 제자의 변화가 아니라 은혜가 인간 존재를 변화시키고 공동체를 세우는 신학적 모델을 보여줍니다. 그의 영성은 배제된 자리에서 시작되어, 은혜로 재해석되고, 기록을 통해 온 세상으로 흘러간 영성이었습니다. 오늘 우리는 마태를 통해 은혜로 채워지고, 과거와 상처를 비워내며, 하나님 나라를 누리는 삶이 무엇인지 분명히 배우고 그 길을 따라갈 수 있습니다.

■ 적용을 위한 질문

1. 채움의 영성을 위한 질문

1) 나는 하나님의 은혜와 말씀으로 내 마음과 삶이 충만하게 되어 있는가? 마태처럼 예수님의 한 말씀 앞에서 삶 전체가 새롭게 채워지고, 이전의 죄책감과 상처가 사라지는 경험을 하고 있는가?

2) 내 삶 속에서 받은 은혜가 내 정체성과 선택을 형성하고 있는가? 마태가 세관에서 즉시 일어나 예수님을 따른 것처럼, 나도 하나님의 은혜 앞에서 즉각적이고 전인적인 반응을 보이고 있는가?

2. 비움의 영성을 위한 질문

1) 나는 내 안의 죄책감, 사회적 낙인, 자기 혐오를 내려놓고 하나님께 새롭게 맡기고 있는가? 마태가 세리로서의 과거와 세상의 평가를 내려놓고 제자로서 새로운 정체성을 받아들였듯이, 나도 내 안의 거짓 자아를 비워 하나님께 공간을 내주고 있는가?

2) 나는 나의 자아와 편견을 내려놓고, 복음을 위해 자신을 낮출 수 있는가? 마태가 복음서를 기록할 때 자신의 업적을 내세우지 않고 예수님을 높인 것처럼, 나도 나

를 드러내기보다 하나님과 복음을 중심으로 살아가는가?

3. 누림의 영성을 위한 질문

1) 나는 하나님 나라의 기쁨과 임마누엘, 곧 하나님과 함께하심을 실제로 경험하며 누리고 있는가? 마태가 복음 안에서 말할 수 없는 기쁨과 자유를 누린 것처럼, 나도 현재 삶에서 하나님의 임재를 누리며 만족하고 있는가?

2) 나는 내가 받은 은혜와 누림을 공동체와 세상 속으로 흘려보내고 있는가? 마태가 누린 하나님 나라의 기쁨을 복음서로 흘려보냈듯이, 나도 내 삶과 말과 행동을 통해 다른 이들에게 하나님의 은혜와 기쁨을 전하고 있는가?

■ 기도

주님, 마태의 삶을 통해 보여주신 채움과 비움과 누림의 영성을 우리도 경험하게 하소서.

먼저 은혜와 말씀으로 채워지는 영적 충만을 주옵소서. 마태가 한 말씀 앞에서 삶 전체가 새롭게 채워졌듯이 우리의 마음과 삶도 하나님의 은혜로 충만하게 하사 과거의 죄책감과 상처가 사라지고, 주님의 부르심 앞에서 즉각적으로 반응하게 하소서.

또한 내 안의 거짓 자아와 자기중심적 생각을 비우는 은혜를 주옵소서. 마태가 세리로서의 과거와 세상의 평가를 내려놓고 참된 정체성을 받아들였듯이 우리도 죄와 상처, 편견을 내려놓고 하나님께 공간을 내어 하나님 나라를 위해 살아가는 삶을 선택하게 하소서.

그리고 하나님의 임재와 기쁨을 누리는 영성을 부어 주소서. 마태가 복음 안에서 누린 말할 수 없는 기쁨과 자유처럼 우리도 하나님 나라의 임재와 기쁨을 삶 속에서 실제로 경험하고 그 은혜와 누림을 이웃과 세상 속으로 흘려보내게 하소서.

주님, 우리의 삶이 마태처럼 은혜로 채워지고, 과거와 상처를 비우며 하나님 나라의 기쁨을 누리는 통로가 되게 하시며 그 누림이 다시 세상과 공동체 안에서 생명과 사명으로 이어지게 하소서. 예수님의 이름으로 기도드립니다. 아멘.

마가의 영성

마가는 예수님의 열두 제자도 아니었고 예수님 곁에서 많은 시간을 보낸 인물도 아니었습니다. 그는 예수님의 부르심을 직접 받은 제자들과는 달리 그 주변에서 출발한 인물이었습니다. 그럼에도 그는 최초의 복음서인 마가복음을 기록하는 위대한 사명을 감당했습니다. 이는 하나님께서 한 사람을 어떻게 변화시키고 빚어 가시는지를 보여 주는 깊은 신학적 사례입니다.

초기에 마가는 미숙하고 흔들리기 쉬운 인물이었습니다. 바울과 바나바의 제1차 전도 여행에 동행했지만 중도에 되돌아가면서 바울에게 실망을 안겨주었습니다. 이 사건으로 인해 그는 이후 한동안 바울과 함께 사역하지 못했습니다.

초대교회 공동체 안에서 사명을 감당하지 못하고 돌아섰다는 평판은 결코 가벼운 일이 아니었습니다. 마가는 이 일로 자신의 약점을 노출시켰고 자신의 한계에 직면함으로 사역의 중심이 열정과 의지가 아님을 깨닫게 되었습니다.

그러나 시간이 흐른 후, 마가는 다시 헌신의 자리로 돌아왔고, 결국 바울에게 쓸모 있는 자(딤후 4:11)로 인정받는 동역자가 되었습니다. 그는 무너졌지만 다시 일어났고, 연약했지만 하나님은 그를 버리지 않으셨습니다.

이러한 변화는 단순한 인간적 성숙이 아니라 복음이 그의 내면을 새롭게 빚어낸 영적 성숙이었습니다. 따라서 그의 삶과 그의 복음서를 함께 읽으면 채움 - 비움 - 누림의 삼중의 영성이 어떻게 한 사람의 생애와 신학을 동시에 형성하게 했는지 분명하게 드러납니다.

마가의 채움의 영성

마가에게 채움의 영성은 지식을 많이 쌓는 일이 아니었습니다. 그것은 예수 그리스도가 누구이신지를 분명히 알고, 그분을 삶의 중심에 두고 살아가는 방향의 문제였습니다. 이러한 점은 마가복음이 설명보다 질문의 흐름으로 전개된다는 사실에서 분명하게 드러납니다.

"그가 누구이기에 바람과 바다도 순종하는가"(막 4:41)라는 질문은 제자들의 일시적인 놀라움을 기록한 문장이 아니라 복음서 전체를 관통하는 물음으로 기능합니다. 이 질문은 독자를 관찰자의 자리에 머물게 하지 않고, 예수의 정체성 앞에 서도록 이끄는 서사적 장치입니다.

이 질문은 결국 베드로의 고백, "주는 그리스도시니이다"(막 8:29)로 이어집니다. 다수의 마가복음 연구자들이 지적하듯이, 이 고백은 단순한 신앙 표현이 아니라 복음서의 흐름이 분명히 전환되는 지점입니다. 마가는 예수님의 기적과 가르침, 권위 논쟁과 고난의 길을 모두 이 고백을 향해 배치했습니다. 그에게 복음으로 채워진 사람이란 예수님에 대해서 많은 설명을 할 수 있는 사람이 아니라 예수님을 주로 고백할 수 있는 사람이었습니다.

마가의 채움의 영성은 그의 기록 방식에서도 그대로 드러났습니다. 그의 글은 군더더기 없이 단순합니다. 그는 말하기 위해 말하지 않았고, 자신을 드러내기 위해 기록하지도 않았습니다. 복음서 전반에 반복되는 '곧'(εὐθύς)이라는 표현은 마가복음의 서술 리듬을 형성하며, 복음이 지체될 수 없는 소식임을 보여줍니다. 이 반복은 복음이 하나님의 구원 사건으로서 즉각적으로 다가와야 함을 드러내는 문학적 장치이며, 마가복음 전체의 긴장감을 유지하는 역할을 하고 있습니다.

이러한 속도감은 단순한 문체의 선택이 아닙니다. 그것은 종말론적 긴장과 선교적 확신에서 비롯된 결과입니다. 데이비드 E. 갈랜드는 마가복음의 이러한 특징을

'설명하는 복음'이 아니라 '선포되는 복음'의 성격으로 이해해야 한다고 지적하며, 마가를 체계적 신학자라기보다 선포자로 평가합니다. 이 관점에서 볼 때, 마가복음의 간결함은 신학의 부족이 아니라 복음의 본질에 대한 집중의 결과라 할 수 있습니다.

마가는 채움의 영성을 인식의 문제가 아니라 듣는 문제로 이해했습니다. 예수님의 말씀, "너희가 무엇을 듣는가 스스로 삼가라"(막 4:24)는 인간의 삶이 무엇으로 채워지는지에 따라 그 방향이 결정된다는 사실을 보여줍니다. 두려움으로 채워질 때 사람은 물러서게 되고, 실패의 기억으로 채워질 때 주저하게 됩니다. 그러나 복음으로 채워질 때 삶은 다시 방향을 찾게 됩니다.

이 점에서 마가복음의 빠른 전개와 단문 구조는 복음이 인간의 삶을 흔들고 결단을 요구하는 사건임을 드러냅니다. 마가는 복음을 이해의 대상으로 제시하지 않고, 삶을 전환시키는 하나님의 행동으로 제시했습니다. 이러한 서사 방식은 채움의 영성이 감정적 고양이나 종교적 만족이 아니라 삶의 중심을 다시 세우는 힘임을 분명히 보여주는 것입니다.

마가의 채움의 영성은 그를 두려움에서 완전히 벗어나게 하지는 않았습니다. 그러나 흔들릴 때마다 다시 돌아갈 기준을 마련해 주었습니다. 그는 실패 앞에서 자신을 정당화하기보다 예수 그리스도의 정체성 앞에 다시 서는 길을 선택할 수 있었습니다. 이 채움이 있었기에 그는 자신을 비울 수 있었고, 그 비움 이후 하나님께서 다시 사용하시는 누림의 자리로 나아갈 수 있었습니다.

복음으로 깊이 채워질 때 비움은 억지가 아니라 순종이 되고, 누림은 일시적 만족이 아니라 은혜가 됩니다. 마가의 채움의 영성은 비움과 누림으로 이어지는 이 흐름의 출발점이며, 복음이 한 사람의 삶을 어떻게 새롭게 형성해 가는지를 보여주는 신학적 증언입니다.

마가의 비움의 영성

마가는 예수님을 섬기시는 메시아로 증언한 복음서 저자입니다. 그 정점에 있는 말씀이 바로 이것입니다. "인자가 온 것은 섬김을 받으려 함이 아니라 도리어 섬기려 하고 자기 목숨을 많은 사람의 대속물로 주려 함이니라"(막 10:45). 이 말씀은 마가복음 전체를 여는 열쇠와 같습니다.

예수님은 하나님 아버지께 받은 사명과 사랑으로 자신을 채우셨고, 그 충만함은 섬김으로 흘러갔습니다. 예수님은 사람들에게 군림하며 섬김을 받으려 하지 않으셨습니다. 오히려 자신을 비우시고 낮추셨습니다. 예수님의 비우심은 십자가의 순종으로 이어졌습니다.

이는 구약의 종 노래인 이사야 53장과 연결되는 메시아적 자기 비움의 완성이라는 점에서 학계에서도 중요한 신학적 축으로 평가되고 있습니다. 마가는 이 점을 누구보다 선명하게 보았고 이를 통해 인류 구원이 이루어졌음을 전했습니다.

마가는 예수님이 섬김을 위해 자신을 비우셨고 이 비움이야말로 가장 충만한 은혜의 능력이었음을 깨달았습니다. 마가의 심령이 은혜로 채워지자 그에게도 비움의 과정이 시작되었습니다. 복음으로 채워진 마음은 결국 자신을 비우는 자리로 나아가게 되어 있습니다.

마가가 전도여행 중 돌아섰던 일은 그의 인생에 커다란 흠이 되었습니다. 그는 자신의 자존심을 비우고 실패를 받아들여야 했습니다. 바울에게 인정받지 못하고 버림받은 상처도 내려놓아야 했습니다. 비움은 자신을 다시 세우기 위해 불필요한 짐을 내려놓는 과정입니다.

마가는 그 과정을 걸어갔습니다. 누군가에게 버림받았던 기억도, 사명을 감당하지 못해 돌아섰던 연약함도, 복음 앞에서 정직하게 비워나갔습니다. 비워낼 때마다 더 깊은 은혜를 누리게 되었는데 이 누림은 환경이나 성공이 주는 기쁨이 아니라 하나님이 나를 사용하신다는 영광에서 비롯된 것이었습니다.

그리고 그 비움 속에서 새로운 만남이 이루어졌습니다. 하나님은 마가에게 베드로를 스승으로 붙여 주셨습니다. 베드로는 한때 예수님을 세 번씩이나 부인했던 사람이었지만 다시 쓰임 받았습니다. 마가는 그 베드로의 회복 이야기를 누구보다 가까이서 들었고 베드로는 제1차 전도여행 당시 마가의 실패를 이해해 주었습니다.

실패해 본 사람끼리는 서로의 상처를 알아보고 이해합니다. 베드로의 회복은 마가에게 위로가 되었고 마가의 연약함은 베드로에게 공감이 되었습니다. 그들은 서로의 상처를 보듬어주었고, 서로를 통해 다시 서는 법을 배웠습니다. 마가는 베드로 곁에서 예수님에 대한 생생한 증언을 들었습니다. 마가복음이 '베드로의 복음'이라고 불리는 이유가 여기에 있습니다.

마가는 베드로와 함께 하면서 자신의 미숙함을 조금씩 비워내며 회복될 수 있었습니다. 비움은 저절로 되지 않습니다. 은혜가 흘러들어올 때 시작됩니다. 복음으로 채워진 마음은 결국 정직한 비움을 가능하게 합니다. 채움이 깊어질수록 비움은 의무가 아니라 순종이 됩니다.

마가는 복음서를 쓰면서 자신의 이름을 언급하지 않았

습니다. 마가는 자신의 자존심, 과거의 기록, 자신을 변호하고 싶은 마음까지 내려놓았습니다. 그는 자신이 쓴 복음서 어디에서도 자신의 이름을 내세우지 않았습니다.

전통적으로 벌거벗은 채 도망친 어느 청년 이야기(막 14:51-52)의 주인공을 마가로 보지만 그는 그것마저도 밝히지 않았습니다. 만약 그가 마가라면 그는 증언은 드러내되 증인은 숨기는 방식을 선택한 것입니다. 마가는 자신의 정체를 드러내기보다 복음의 증언에 집중했습니다. 그는 자신을 완전히 비우고 복음만 남도록 했습니다. 이것은 마가의 비움의 영성이 얼마나 철저했는지 보여준 것이었습니다.

마가의 누림의 영성

비움의 사람이 된 마가는 은혜를 누리는 자리로 들어서게 되었습니다. 그의 누림은 자기 성취에서 오는 만족이 아니었습니다. 내가 복음을 기록했다는 자부심이 아니라 하나님께서 연약하고 실패를 경험한 자신을 다시 불러 그리스도의 복음을 확장하는 도구로 사용하셨다는 사실에서 흘러나온 기쁨과 감사였습니다. 마가의 누림은 자신을 드러내는 기쁨이 아니라 하나님이 일하셨다는 사실을 바라보는 기쁨이었습니다.

마가는 자신의 이름을 전면에 내세우지 않았습니다. 복음서 안에서 그는 자신을 숨겼고, 자신을 증언하지 않았습니다. 그러나 바로 그 자리에서 복음은 그의 손을 통해 온 세계로 퍼져 나갔습니다. 이것이 누림의 역설입니다. 자신을 비운 사람은 사라지는 것 같지만 오히려 하나님의 역사 속에 더 깊이 참여하게 됩니다.

마가의 누림은 자기를 세우는 기쁨이 아니라 하나님의 뜻 안에 사용되었다는 은혜의 기쁨이었습니다. 이처럼 누림은 자신을 위한 만족이 아니라 복음이 더 멀리 흘러가도록 자신을 내어주는 선교적 자리에서 완성됩니다.

마가복음은 예수님이 누구신가에 가장 집중한 가장 선교적인 기록입니다. 마가는 예수님의 탄생 서사보다 사역과 고난, 십자가를 빠르게 전개하며 예수 그리스도의 정체성을 독자 앞에 직접적으로 제시했습니다. 이는 로마 제국의 박해 속에서 신앙을 지키던 성도들에게 결정적인 위로와 용기를 제공했습니다. 마가복음은 고난을 제거해 주는 복음이 아니라 고난 한가운데서도 예수 그리스도를 따를 수 있도록 붙들어 주는 복음이었습니다. 사무엘 J. 톰슨은 마가복음을 '고난받는 공동체를 위한 복음'이라 부르며, 이 복음서가 박해받는 교회에 실제적인 신앙의 언어를 제공했다고 설명했습니다.

마가의 누림은 여기서 더욱 분명해집니다. 그는 고난을 모르는 사람이 아니었습니다. 실패와 이탈, 관계의 단절을 경험했던 사람이었습니다. 그러나 그 고난의 시간을 통과한 후, 그는 복음을 기록하는 사명 안에서 다시 세워졌습니다. 그의 누림은 값싼 위로나 감정적 충만이 아니라 하나님께서 상처 입은 인생을 다시 사용하신다는 사실을 경험하는 깊은 은혜였습니다. 하나님은 회복된 사람을 다시 세우시고 그 은혜가 다른 이들에게 전해지도록 하십니다.

마가복음의 간결하고 직선적인 문체는 복음을 처음 접하는 이방인들에게 예수 그리스도를 가장 빠르고 분명하게 전하는 통로가 되었습니다. 마가는 장황한 설명보다 행하시는 예수님, 고난받는 예수님, 십자가로 나아가시는 예수님을 보여주었습니다. 이렇게 복음의 핵심 내용을 해설이나 장식 없이 제시함으로써 독자가 복음의 본질을 직접 대면하도록 구성했습니다. 이 단순함과 속도감은 선교에 결정적인 역할을 했습니다.

마가는 자신을 설명하지 않았지만 예수 그리스도를 명확하게 드러냈습니다. 이 모든 과정 속에서 마가의 누림은 더욱 깊어졌습니다. 그의 기쁨은 결과에서 오지 않았고, 성공에서 오지도 않았습니다. 하나님께서 복음의 역

사를 친히 이루어 가시고, 그 일에 자신을 참여시키셨다
는 사실 자체가 그의 누림이었습니다. 이로써 마가는 누
림이란 인간의 성취가 아니라 은혜의 하나님께서 친히
역사하시는 자리에서 주어지는 선물이라는 사실을 증언
했습니다.

마가의 누림의 영성은 오늘 우리에게도 분명한 방향을
제시하고 있습니다. 복음을 누린다는 것은 자신을 드러
내는 데서 만족하는 것이 아니라 하나님의 손에 들려 사
용되는 기쁨을 아는 것입니다. 비움 이후에 찾아오는 누
림은 머무름이 아니라 선교적 사명으로 이어지며, 그 사
명 속에서 성도는 하나님이 친히 일하신다는 사실을 경
험하게 됩니다. 마가는 그 길을 걸었고, 그의 복음은 지
금도 고난 가운데 있는 교회와 성도들을 그 누림으로 초
대하고 있습니다.

마가의 삼중 영성의 여정은 단지 한 인물의 신앙적 기
록이 아니라 하나님께서 한 사람을 어떻게 채우시고, 비
우시고, 다시 사용하시는지 보여주는 살아 있는 신학적
증언이었습니다.

그는 처음부터 굳세고 완성된 인물이 아니었습니다.
오히려 흔들리고, 두려워하고, 실패하며, 공동체 안에서

마찰을 일으켰던 사람이었습니다. 그러나 바로 그 연약함이 은혜의 무대가 되었고, 그의 실패의 경험은 복음의 능력을 더욱 선명하게 드러내는 배경이 되었습니다. 마가의 이야기는 인간의 한계가 은혜의 경계를 결정하지 않는다는 사실을 증언하고 있습니다.

복음으로 채워지면 방향이 정해집니다. 마가는 처음에는 두려움 속에서 도망했던 사람이었지만 결국 복음의 이야기를 가장 생생하고 가장 빠르게 기록한 복음서 저자로 세워졌습니다. 복음이 그의 삶을 다시 채우자 그의 걸음은 이전과 달라졌습니다. 흔들리던 마음은 말씀으로 고정되었고, 두려움은 사명으로 대체되었습니다. 은혜의 채움은 단지 마음의 위로가 아니라 새로운 길을 열어 주는 영적 동력이 되었습니다.

그리고 비움의 과정은 그의 내면을 정리하는 하나님의 손길이었습니다. 마가는 바울과의 갈등 속에서 공동체의 상처를 경험했고, 그 상처는 그의 자아와 욕망을 비워내는 깊은 영적 훈련의 시간이 되었습니다. 인간적인 인정 욕구, 자기변명의 충동, 불안한 정체성은 그 과정에서 다루어졌습니다.

비움은 마가에게 고통스러운 과정이었지만 오히려 그 비움이 있었기에 그는 더 넉넉한 사람, 더 온유한 사람,

더 복음적인 사람이 될 수 있었습니다. 하나님은 그의 실패를 책망의 도구로 사용하지 않으시고, 성숙의 통로로 사용하셨습니다.

비움의 자리가 준비되자 마가는 하나님 나라의 누림으로 가득해졌습니다. 그는 버림받아도 여전히 사용되시는 은혜, 넘어져도 다시 일어나게 하시는 은혜, 공동체의 틈새를 메우는 일꾼으로 다시 세워지는 은혜를 깊이 경험했습니다.

그가 마지막에는 베드로와 바울이라는 두 영적 거장의 곁에서 귀한 동역자로 인정받았다는 사실은 그의 영성이 어디까지 회복되었는지를 보여주는 표지라고 할 수 있습니다. 누림은 단순한 감정적 위로가 아니라 사명을 기쁨으로 감당하게 하는 영적 능력의 원천이었습니다.

결국 마가의 영성은 오늘을 사는 우리에게 중요한 질문을 던집니다. "우리는 무엇으로 채워지고 있습니까? 무엇을 비워내고 있습니까? 무엇을 누리며 살아가고 있습니까?" 마가는 완벽해서 쓰임 받은 사람이 아니라 은혜 앞에 자신을 열어 두었기에 다시 쓰임 받은 사람이었습니다. 그의 삶은 복음으로 채워지고, 상처와 과거를 비워내며, 하나님이 주시는 누림 속에서 다시 사명으로 일어서는 길이 어떤 것인지를 생생하게 보여주었습니다.

이것이 마가의 영성이 우리에게 남겨 준 가장 귀한 영적 유산입니다. 하나님은 오늘도 마가를 세우셨던 방식으로 우리를 세우기 원하십니다. 하나님은 복음으로 채우시고, 불필요한 것들을 비우게 하시며, 마침내 하나님 나라의 기쁨과 사명을 누리게 하시는 그 은혜의 흐름 속으로 우리를 인도하십니다.

■ 적용을 위한 질문

1. 채움의 영성을 위한 질문

1) 나는 복음 그 자체로 내 마음을 채우고 있는가? 마가는 예수님의 말씀을 직접 듣지 못했으나 들은 증언을 통해 복음을 마음에 새기고 또 새겼다. 나는 복음을 단순한 지식이 아니라 존재를 바꾸는 능력으로 받아들이고 있는가?

2) 복음의 진리가 나의 방향과 정체성을 다시 규정하고 있는가? 마가가 흔들리던 삶에서 벗어나 다시 사명의 자리로 돌아왔던 것처럼 복음이 나의 결정·관계·사명·우선순위를 재정렬하고 있는가?

2. 비움의 영성을 위한 질문

1) 나는 실패와 상처, 인정받고 싶은 마음을 복음 앞에서 정직하게 비우고 있는가? 마가는 전도여행 중 도망친 과거를 숨기지 않고, 그 실패를 비움의 자리로 삼았다. 나는 실패를 회피하기보다 하나님이 쓰시는 은혜의 여지로 내어 드리고 있는가?

2) 나는 나를 드러내고 싶은 욕망보다 복음을 드러내는 삶을 선택하고 있는가? 마가는 복음서를 기록하면서도 단 한 번도 자신을 내세우지 않았다. 나 역시 복음을 위해 나를 감추고 그리스도를 드러내는 길을 기꺼이 따르고 있는가?

3. 누림의 영성을 위한 질문

1) 나는 하나님께서 나 같은 사람을 사용하신다는 사실에서 기쁨을 누리고 있는가? 마가가 누린 누림은 내가 기록했다는 만족이 아니라 하나님이 나를 사용하셨다는 은혜였다. 나는 사역의 결과보다 하나님과 함께하는 기쁨을 누리고 있는가?

2) 나는 회복의 은혜, 다시 세우심의 은혜를 깊이 경험하며 공동체 속에서 누리고 있는가? 마가는 버림받았던 사람이었지만 베드로와 바울 곁에서 다시 인정받는 은

혜를 누렸다. 나는 공동체 속에서 회복과 동행의 은혜를
경험하고 있는가?

■ 기도

주님, 마가의 삶을 통해 보여 주신 은혜의 신학, 회복
의 여정을 우리도 따르게 하소서.

먼저 복음으로 채워지는 은혜를 구하나이다. 마가가
들은 말씀만으로도 복음의 생명력이 그의 심장을 사로
잡았듯이 우리도 말씀의 권능으로 마음이 새롭게 구성
되게 하소서. 복음의 진리가 우리의 길을 정하고, 우리의
정체성을 바꾸고, 흔들리던 마음을 군건하게 붙들게 하
소서.

또한 정직하게 비우는 영성을 주옵소서. 우리 안의 실
패, 상처, 자존심, 인정받고 싶은 마음, 스스로를 변호하
고 싶은 충동까지 복음 앞에 내려놓게 하소서. 마가가 바
울과의 갈등과 자신의 연약함을 비울 때 더 온유하고 더
복음적인 사람으로 빚어졌던 것처럼 우리도 불필요한
무게를 내려놓고 주님께서 빚으시는 대로 서게 하소서.

그리고 하나님 나라의 누림을 경험하게 하소서.
마가가 쓰임받은 기쁨, 다시 일어선 감사, 베드로와 바울
의 곁에서 회복된 동역자의 은혜를 누렸듯이 우리도 하

나님께서 나를 사용하신다는 말할 수 없는 감격을 누리게 하소서. 누림이 단순한 감정이 아니라 사명을 기쁨으로 감당하는 영적 힘이 되게 하소서.

주님, 우리가 마가처럼 완벽해서 쓰임 받는 것이 아니라 은혜에 마음을 열어 두었기에 쓰임 받는 사람이 되게 하시고, 복음으로 채워지고, 상처를 비우며, 누림의 자리로 일어서는 영성의 여정을 걷게 하소서. 예수님의 이름으로 기도드립니다. 아멘.

누가의 영성

누가는 열두 제자도 아니었고 예수님을 직접 따라다닌 현장 중인도 아니었습니다. 그는 의사였고, 헬라 문화권에서 교육받은 지성인이었습니다. 그러나 하나님은 그를 사용하시어 누가복음과 사도행전이라는 두 권의 책을 성경 안에 남기게 하셨습니다.

누가의 기록은 단순한 역사가가 남긴 기록이 아닙니다. 그것은 한 사람이 복음에 사로잡혀 그 복음을 가장 정확하고 아름다운 언어로 담아낸 영적 작품입니다. 그는 자신을 앞세우지 않았지만 그 겸손함 속에서 더욱 밝게 빛나는 복음의 정수를 드러냈습니다. 그의 영성은 조용했지만 강했고, 감추어져 있었지만 깊은 울림을 주었습니다.

누가의 영성은 단순한 개인적 경건을 넘어서 복음적 지성과 성령의 감동이 결합된 영성입니다. 초대교회 안에서 누가는 이 두 차원을 가장 아름답게 통합한 인물이었습니다. 그는 철저히 검증된 자료와 치밀한 조사로 복음서를 기록했지만 그 글은 지적 보고서가 아니라 성령의 숨결이 깃든 증언이었습니다. 영성신학에서 말하는 '지성의 영성'과 '임재의 영성'이 누가의 삶 안에서 자연스럽게 만난 것이었습니다.

누가는 또한 복음이 인간 삶의 가장 어두운 곳까지 스며들어 치유하고 회복시키는 능력을 지녔음을 보여준 증인이었습니다. 의사였던 그는 예수님을 치유자이자 회복자로 묘사하며, 그분의 자비가 어떻게 상처 입은 사람을 살리는지 보여주었습니다. 이는 누가의 영성이 단지 기록하는 영성이 아니라 동행하고 돌보는 영성이었음을 의미합니다.

누가의 채움의 영성

누가복음은 이렇게 시작됩니다. "우리 중에 이루어진 사실에 대하여 처음부터 목격자와 말씀의 일꾼 된 자들이 전하여 준 그대로 내력을 저술하려고"(눅 1:1-2). 누가는 '이루어진 사실'을 그대로 따라 적은 단순한 필기자가 아니었습니다. 그는 실제 사건을 하나하나 조사하고 검증하며 기록한 역사적 저술가였습니다. 누가가 사용한 서문 양식은 헬라 세계의 전문적 역사서와 의학적 보고서의 형식과 상당히 유사합니다.

그는 복음을 감정이나 사상으로 이해하지 않았습니다. 복음은 그에게 확인할 수 있는 진리이며 실제로 일어난 구원의 사건이었습니다. 그는 예수님의 행적을 들은 대로 적지 않았습니다. 직접 목격자들을 만나고, 복음을 전해 준 이들의 증언을 다시 확인하며 정리했습니다. 이런 태도는 복음이 그의 마음 깊은 곳까지 스며들어 있었다는 증거였습니다.

누가복음 곳곳에는 복음에 사로잡힌 사람만이 기록할 수 있는 따뜻함이 깃들어 있습니다. 예수님의 탄생 이야기, 여인들의 관점에서 바라본 장면들, 잃어버린 자를 찾으시는 예수님의 비유들, 사회적으로 약한 자들을 향한 세심한 묘사들은 누가가 복음의 감동을 머리로만 이해한 것이 아니라 마음 깊이 받아들였음을 보여줍니다.

예수님은 누가의 마음에 들어오셔서 그 마음을 전혀 다른 눈으로 변화시키셨습니다. 의학적 지식이나 헬라적 교육보다 더 깊이, 더 철저하게 누가의 영혼을 채운 것은 자비하신 예수님의 마음이었습니다. 누가는 예수님의 긍휼과 환대의 시선을 특별히 강조했습니다. 이는 단순한 묘사가 아니라 하나님이 잃어버린 자를 찾으시는 마음을 자신의 영성 깊이에서 체득했기 때문이었습니다. 그의 기록은 신학적 통찰과 인간적 따뜻함이 만나는 지점에서 탄생했습니다. 기록자는 사건의 순서를 정리하지만 증언자는 마음의 감동을 기록합니다.

예수님의 시선으로 세상을 보게 된 누가는 그 시선을 글 속에 빛으로 새겨 넣었습니다. 그 결과 누가복음의 예수님은 언제나 잃어버린 자를 찾아 걸어가고, 소외된 자에게 손을 내밀고, 눈물 흘리는 사람을 끌어안고, 상처 입은 자를 고치시는 분으로 등장합니다.

누가의 기록은 마치 의사 예수님의 초상과 같습니다. "고통당하는 사람에게 다가가는 것이야말로 진정한 지혜이다"라는 톨스토이의 말을 떠올리게 하는 묘사도 곳곳에 있습니다. 누가는 고통의 현장에서 하나님의 마음이 어떻게 움직이시는지를 깊이 이해한 사람이었습니다.

누가의 비움의 영성

누가는 복음으로 채워지자 자연스럽게 자신을 비웠습니다. 성령의 충만함은 타인을 밀어내는 힘이 아니라 자기를 비우고 자리를 내어놓는 겸손함으로 나타났습니다. 그는 자신의 이름을 높이려는 흔적을 단 한 줄도 남기지 않았습니다.

사도행전에서 '그들'(they)이라는 주어가 어느 순간 '우리'(we)로 바뀌었습니다. 이것은 누가가 현장에 직접 합류했다는 강력한 증거이지만 그는 그 사실을 단 한 줄도 설명하지 않았습니다. 그는 등장했지만 스스로 드러내지 않았습니다. 이것은 누가가 얼마나 조용히, 그리고 철저히 자기 자신을 내려놓았는지 보여 주는 상징적 장면입니다.

그는 복음의 전선 한가운데로 조용히 들어갔습니다. 이름 없이, 요구 없이, 주장 없이, 그저 하나님이 인도하시는 자리로 자신을 내어놓았습니다. 이것이 누가의 비움의 영성이었습니다. 그의 비움은 비움은 단순한 겸손이 아니라 사명을 위해 자기 존재를 투명하게 만드는 영적 능력이었습니다.

의사였던 누가는 안정된 삶을 뒤로하고 바울과 함께 복음의 최전선으로 들어갔습니다. 바울이 옥에 갇히고 신체적으로 쇠약해지고 가까운 동역자들이 떠나갈 때조차 누가는 떠나지 않았습니다. 바울은 마지막 편지 디모데후서에서 말했습니다. "누가만 나와 함께 있느니라"(딤후 4:11).

이 한 구절은 누가가 어떤 사람이었는지를 가장 분명하게 보여줍니다. 그는 칼과 매와 배고픔과 풍랑의 길에서 바울을 떠나지 않은 사람이었습니다. 바울의 상처를 치료하고 그의 고난을 곁에서 감당한 유일한 사람이었습니다.

　비움이란 무언가를 단순히 포기하는 것이 아닙니다. 하나님의 일이 이루어지도록 자리를 내어드리는 것입니다. 누가는 그렇게 살았습니다. 그가 가진 지식, 직업, 위치를 위해 살지 않았습니다. 오직 하나님께서 쓰시는 자리에 자신을 내어놓았습니다.

　그러나 누가의 비움은 단지 인간적 겸손에서 나온 것이 아니었습니다. 복음이 그의 내면을 지배하기 시작하자 그는 자연스럽게 나를 드러내는 자리보다 복음을 비추는 자리를 선택했습니다. 초대교회 전승에 따르면 누가는 바울의 동역자로 있으면서도 바울의 무게를 덜어주기 위해 자신을 철저히 조연으로 남겨두었다고 합니다. 이는 초대교회의 영성가들이 말한 '숨은 순종'의 전형으로 숨을수록 더 강해지고 드러나지 않을수록 더 깊어지는 헌신이었습니다.

　누가는 자신의 전문성을 내려놓지 않으면서도 그것을 자신을 위한 도구로 사용하지 않았습니다. 의사로서의 지식은 그에게 명예를 가져다줄 수 있었지만 그는 그 지식을 복음의 도구로 바꾸어 바울의 곁에서 치유와 돌봄의 사역을 감당했습니다. 비움의 영성은 능력을 버리는 것이 아니라 능력을 하나님께 맡겨 드리는 것입니다. 누가의 삶은 이 진리를 가장 아름답게 증언하고 있습니다.

그가 기록한 누가복음과 사도행전 또한 자기 비움의 산물이었습니다. 누가는 가장 많은 분량의 성경을 기록한 저자 중의 한 사람이면서도 단 한 번도 의도적으로 자신을 높이거나 자신의 감정을 강조하지 않았습니다. 그는 자신을 철저히 지우고 예수 그리스도와 하나님 나라의 역사를 중심에 놓았습니다.

누가의 글이 신학적으로 치밀하고 문학적으로 뛰어나지만 동시에 깊은 영성이 흐르는 이유는 바로 이 비움에서 나온 것이었습니다. 인간의 흔적이 지워질 때 오히려 하나님의 손길이 더 선명하게 드러납니다.

누가의 비움의 영성은 '나는 없어지고 주님만 드러나는 삶'(요 3:30)이라는 복음의 원리를 실제 삶에서 구현한 예입니다. 그는 이름을 남기려 하지 않았지만 하나님은 그의 기록을 통하여 교회의 역사 속에 가장 넓고 깊은 흔적을 남기게 하셨습니다. 이것이 영적 비움의 역설입니다. 자신을 낮출 때 하나님께서 높이시고, 자신을 숨길 때 하나님께서 드러내십니다. 누가는 바로 이 영적 역설을 삶으로 보여준 사람이었습니다.

누가의 누림의 영성

누가는 철저히 자신을 비웠습니다. 그는 자신을 전혀 드러내지 않았고, 자신의 역할도 강조하지도 않았습니다. 사도행전이라는 방대한 역사서에서 주인공은 오직 성령님이셨습니다. 누가는 한 걸음 물러나는 바로 그 자리에서 하나님께 쓰임 받는 영광을 누렸습니다. 그가 누린 기쁨은 세상의 명예가 아니라 하나님이 일하시는 현장을 눈앞에서 보는 기쁨이었습니다. 이 누림은 누가를 관망자로 머물게 하지 않았습니다. 성령님의 역사를 기록하는 그의 사명은 복음이 예루살렘에서 땅 끝까지 확장되는 선교의 흐름에 자신을 기꺼이 내어 맡기는 선택이었습니다.

누가는 선교의 현장에서 바울의 고난을 지켜보면서도 흔들리지 않았고 두려워하지도 않았습니다. 그는 예루살렘에서, 에베소에서, 배가 난파된 바다 한가운데서, 로마 감옥 근처에서 하나님이 어떻게 역사하시는지 지켜보았습니다. 그는 회개하는 사람들, 성령으로 새롭게 되는 공동체, 핍박 가운데서도 피어나는 복음의 생명력을 확인했습니다. 이러한 장면들은 누가가 단순한 기록자가 아니라 하나님의 역사에 깊이 참여한 동행자였음을 보여줍니다.

누가는 이 모든 여정을 통해 복음이 안전한 자리에서만 전해지는 것이 아니라 위험과 고난의 현장 속으로 파송되며 확장된다는 사실을 몸으로 배웠습니다. 그의 누림은 곧 선교의 현실을 받아들이는 신앙의 용기였습니다.

그가 기록한 사도행전은 단순한 역사 기록이 아닙니다. 그것은 누가가 현장에서 직접 체험한 은혜의 흔적들이 응축된 신앙의 증언입니다. 또한 눈으로 보고 귀로 들은 성령의 역사와 마음 깊은 곳에서 느낀 하나님의 숨결이 고스란히 담긴 기록입니다.

누가는 사건을 객관적으로 정리하는 관찰자에 머물지 않고, 하나님께서 시대 속에서 어떻게 교회를 일으키시고 확장하시는지를 몸으로 목격한 증인이었습니다. 사도행전에 담긴 부흥의 장면들은 전해 들은 소식이 아니었습니다. 그가 직접 동행하며 확인한 하나님의 역사였습니다. 누가는 그 거룩한 현장을 교회를 위한 살아 있는 증언으로 남겼습니다.

이러한 이유로 사도행전은 사건의 연대기를 넘어 '경험된 신학'으로 읽혀야 합니다. 이 경험된 신학은 교회를 안주하게 만드는 기록이 아니라 교회를 다시 길 위로 부르는 선교적 증언이었습니다. 누가의 기록은 읽는 이로 하여금 동일한 성령의 역사에 참여하도록 초대합니다.

누가에게 누림은 결과가 아니라 과정이었습니다. 그는 사역의 성공이나 가시적 열매를 통해 만족을 누리지 않았습니다. 그 차원을 넘어 하나님께서 일하시는 흐름 안에 자신이 포함되어 있다는 사실 자체에서 깊은 기쁨을 누렸습니다.

누가의 말씀을 기록하는 손과 복음의 현장을 살아내는 발걸음은 분리되지 않았습니다. 이러한 그의 삶 전체는 하나의 증언이 되었습니다. 누가에게 영적 누림은 내면적 감정의 고양이 아니었습니다. 그는 자신의 누림이 하나님의 사역에 참여하는 존재적 기쁨임을 분명히 드러냈습니다.

이러한 누림은 고난 속에서도 사라지지 않았습니다. 바울의 투옥과 쇠약, 동역자들의 이탈 속에서도 누가는 끝까지 자리를 지킬 수 있었던 것은 누가가 누린 영적 기쁨이 환경에 의해 좌우되지 않았음을 입증하는 것이었습니다.

누가는 하나님 나라의 길을 함께 걷는 동행 자체를 은혜로 누린 사람이었습니다. 이 점에서 누가의 누림의 영성은 십자가를 통과한 후에야 비로소 주어지는 성숙한 기쁨의 형태라 할 수 있습니다. 오늘날 많은 교회가 모여서 머무는 공동체로 존재하고 있습니다. 그러나 누가의 누림은 교회가 머무는 공동체를 넘어 선교적 공동체로 나아가야 함을 가르쳐 주고 있습니다.

누가의 영성은 특별한 사람에게만 주어진 길이 아닙니다. 복음으로 채워지고, 복음 앞에서 자기를 비우며, 하나님께 쓰임 받는 은혜 속으로 들어가는 것은 오늘 우리 모든 신자에게 주어진 길입니다. 우리도 누가처럼 진리를 깊이 품고, 자기 자신을 조용히 내려놓으며, 하나님께 쓰임 받는 영광을 누리며 살아야 합니다. 그것이 하나님이 오늘 우리를 초대하시는 복음의 길입니다.

누가의 영성은 오늘의 교회가 회복해야 할 세 가지 본질을 보여주었습니다. 첫째는 말씀과 진리로 채워진 성숙한 지성입니다. 신앙은 막연한 감정이 아니라 검증된 진리에 기초해야 한다는 사실을 누가는 분명히 보여 주었습니다. 둘째는 철저한 자기 비움입니다. 진짜 영성은 자기 드러냄이 아니라 자기 없어짐 속에서 나타난다는 사실을 그의 삶은 증언하고 있습니다. 셋째는 성령의 일하심을 가까이서 누리는 삶입니다. 복음을 위해 헌신한 사람은 고난 속에서도 하나님의 살아 있는 역사를 목도하는 누림을 경험하게 됩니다.

오늘 우리는 누가처럼 학문적 성실함과 영적 겸손을

동시에 지닌 신앙인으로 부름 받았습니다. 하나님은 지성이 비워진 자리에 은혜를 채우시고, 비움의 자리에 능력을 부어 주십니다. 누가의 길은 조용한 길처럼 보이지만 그 길은 성령이 가장 깊이 일하시는 자리였습니다. 그러므로 우리도 그 길을 따라 걸을 때 하나님께 쓰임 받는 영광을 경험하게 될 것입니다.

■ 적용을 위한 질문

1. 채움의 영성을 위한 질문

1) 나는 복음의 진리를 정확히 배우고 깊이 새기며 마음을 채우고 있는가? 누가는 예수님을 직접 본 제자는 아니었지만, 그는 "처음부터 자세히 조사"(눅 1:3)함으로 복음을 자신의 생각과 세계관 전체에 새겼다. 나는 복음을 피상적으로 아는 데 그치지 않고, 진리를 향한 겸손한 배움과 깊은 묵상으로 내 영혼을 채우고 있는가?

2) 말씀이 나의 관점·해석·삶의 정방향을 다시 세우고 있는가? 누가는 역사를 바라보는 눈, 사람을 이해하는 눈, 세상을 해석하는 눈까지 복음으로 재해석했다. 말씀의 진리가 나의 삶의 기준과 판단을 복음적으로 재정렬하고 있는가?

2. 비움의 영성을 위한 질문

1) 나는 나의 이름, 공로, 업적을 내려놓고 복음만 드러내는 삶을 선택하고 있는가? 누가는 자신이 직접 보지 못한 내용을 기록했음에도 단 한 번도 자신을 드러내지 않았다. 심지어 사도행전을 기록하면서도 자신의 이름을 철저히 감추었다. 나는 하나님께 영광이 돌아가도록 나의 이름과 명성을 복음 앞에서 비우고 있는가?

2) 나는 인정받고 싶은 마음, 내 의견을 앞세우고 싶은 마음을 기꺼이 내려놓고 있는가? 누가는 바울의 동역자이면서도 '주연'을 차지하지 않았다. 그는 조용히, 묵묵히, 그러나 신실하게 섬겼다. 나는 공동체 속에서 드러나지 않는 자리를 기쁨으로 감당할 수 있는가?

3. 누림의 영성을 위한 질문

1) 나는 하나님께서 역사하시는 현장을 동행하며 누리는 은혜를 경험하고 있는가? 누가는 바울의 사역 현장에서 고난과 복음의 기쁨을 함께 보았고, 성령의 역사를 가까이에서 누렸다. 나는 사역의 결과보다 하나님이 지금도 일하시는 현장에 참여하는 기쁨을 누리고 있는가?

2) 나는 공동체 속에서 '동행의 은혜'와 '섬김의 기쁨'을 누리고 있는가? 누가는 병든 자를 돌보았고, 낙심한 자

를 붙들었으며, 바울의 가장 마지막 순간까지 곁을 지켰다(딤후 4:11). 나는 누군가의 삶에 함께하면서 누리는 사랑의 기쁨, 헌신의 기쁨, 동행의 은혜를 깊이 경험하고 있는가?

■ 기도

주님, 누가의 삶을 통하여 보여 주신 채움-비움-누림의 길을 우리도 걷게 하소서.

먼저 복음으로 채워지는 은혜를 구하나이다. 누가가 철저한 조사와 깊은 묵상으로 복음을 마음에 새기며 진리의 세계를 단단히 세웠던 것처럼, 우리도 말씀 안에서 관점이 새로워지고 마음의 질서가 회복되며 영혼이 복음으로 정결하게 채워지게 하소서.

또한 겸손히 비우는 영성을 주옵소서. 누가가 자신의 이름을 감추고 복음만 드러냈듯이 우리도 드러나고 싶은 마음, 인정받고 싶은 욕망, 나를 증명하려는 충동을 십자가 앞에서 비우게 하소서.

조용히 섬기며 묵묵히 감당하는 자리에서도 흔들리지 않고, 오직 주님의 영광만 드러내는 사람이 되게 하소서.

그리고 하나님 나라의 누림을 경험하게 하소서. 누가가 성령의 역사를 가장 가까운 자리에서 보았고, 바울의

마지막 순간까지 동행하며 복음의 길을 누렸듯이, 우리
도 주님의 사역이 일어나는 자리마다 기쁨으로 참여하게
하시고, 동행의 은혜, 섬김의 은혜, 하나님의 임재를 누
리는 삶을 살게 하소서. 누림이 단순한 감정이 아니라 사
명을 기쁨으로 감당하게 하는 영적 힘이 되게 하옵소서.

주님, 우리가 누가처럼 조용하지만 깊고, 드러나지 않
지만 견고한 영성으로 살게 하시고, 복음으로 채워지고,
자신을 비우며, 하나님 나라의 누림 속에 동행하는 성도
의 길을 걷게 하소서. 예수님의 이름으로 기도드립니다.
아멘.

요한의 영성

요한은 초대교회 열두 사도들 가운데 가장 오래 살며 교회를 돌보았고 오랜 세월 동안 성령님의 인도하신 아래 깊은 신학적 사유와 묵상을 발전시켜 초대교회 신앙의 기초를 다지는 데 결정적인 역할을 감당했습니다. 그가 남긴 기록은 요한복음과 요한일서, 이서, 삼서의 서신과 요한계시록으로 이어지는데 이 모든 문헌은 초대교회의 신학과 영성 형성에 지대한 영향을 주었습니다.

요한복음은 예수님의 신성을 가장 깊이 있게 조명한 복음서로 알려져 있으며, 요한의 서신들은 참 사랑과 진리, 그리고 공동체의 거룩함을 강조하는 영적 지침이 되었습니다. 특히 말년에 밧모섬에서 성령 가운데 기록한 요한계시록은 종말과 하나님의 통치, 그리고 어린 양의 최종 승리를 선포하는 독보적인 계시의 책입니다.

이처럼 요한의 기록은 단순한 역사적 자료를 넘어 모든 시대의 신자들에게 영적 깊이를 더해 주는 보화와 같은 유산이라 할 수 있습니다. 그의 글에는 긴 세월 동안 하나님과 동행하며 쌓인 신앙의 깊이와 묵상의 흔적이 고스란히 담겨 있습니다. 요한의 신학은 책상 위에서 형성된 이론이 아니라 사랑 안에 거하며 진리 안에서 늙어간 한 사도의 삶에서 길어 올려진 증언이었습니다.

요한은 예루살렘 공동체와 에베소 공동체를 오가며 초대교회를 신학적으로 안정시키는 중요한 역할을 담당했습니다. 그는 사도의 권위를 사용해 사람들을 지배하려 하지 않았고, 오히려 아비처럼 권면하고 돌보는 영적 지도자의 길을 걸었습니다. 요한의 사역에는 권위와 온유, 진리와 사랑이 균형을 이루었고 이러한 삶의 태도가 요한복음과 요한서신 곳곳에 자연스럽게 배어 있습니다.

요한의 영성은 예수님을 따라 살며 체득한 복음의 향기였습니다. 요한은 복음이 한 사람의 삶 속에서 어떻게 숨 쉬는지를 보여 주었습니다. 그의 글을 읽다 보면 논리보다 깊이, 설명보다 증언, 정보보다 생명이 더 크게 드러납니다. 요한은 복음을 자신이 경험한 생명의 결을 그대로 전하려 했습니다. 그래서 그의 기록에는 머물게 하는 힘이 있습니다.

요한의 채움의 영성

요한의 영성이 구체적으로 드러나는 첫 지점은 채움의

영성입니다. 요한의 삶은 예수님으로 충만하게 채워진 삶이었습니다. 그래서 요한복음은 다른 복음서보다 영적으로 깊이가 있습니다. 마태 · 마가 · 누가가 예수님의 행적과 말씀을 중심으로 복음서를 기록했다면 요한은 그 모든 사건을 통해 예수님이 누구이신지를 보여주었습니다.

요한복음은 이렇게 시작됩니다. "태초에 말씀이 계시니라 이 말씀이 하나님과 함께 계셨으니 이 말씀은 곧 하나님이시니라"(요 1:1). 이 선언은 요한의 신학적 사유의 출발점이면서 그의 영혼을 채운 중심 고백이었습니다.

요한은 예수님을 만나기 전에 상당히 강한 기질의 사람이었습니다. 그의 별명은 우레의 아들이었습니다(마 3:17). 성격이 직설적이고 감정적이며 때로는 단호했습니다. 사마리아 사람들이 예수님을 거절하자 요한은 형 야고보와 함께 하늘에서 불을 내려 멸하자고 말했습니다(눅 9:54). 또한 하나님의 나라에서 높은 자리를 요청했고(막 10:35-37), 예수님의 이름으로 사역하던 사람을 배타적으로 제지하기도 했습니다(막 9:38).

그러나 그 성격은 예수님의 말씀과 사랑으로 변화되기 시작했습니다. 그는 더 이상 자신의 기질과 판단으로 움직이지 않았습니다. 시간이 흐르면서 그의 말과 선택에

는 점점 판단보다 공감이, 분노보다 인내가 자리 잡기 시
작했습니다.

그는 이렇게 말했습니다. "말씀이 육신이 되어 우리 가
운데 거하시매 우리가 그의 영광을 보니 아버지의 독생
자의 영광이요 은혜와 진리가 충만하더라"(요 1:14). 이
고백에는 사유를 넘어선 체험의 무게가 담겨 있습니다.
요한은 개념으로 예수님을 이해한 사람이 아니라, 삶 속
에서 그분의 임재로 채워진 사람이었습니다. 그렇게 채
워진 그는 사물을 바라볼 때도, 사람의 말을 들을 때도,
상황에 응답할 때도 점점 예수님의 마음을 따라 움직이
게 되었습니다.

요한의 채움은 그의 존재 전체를 새롭게 빚는 채움이
었습니다. 예수님을 따라다니며 함께한 시간을 통해 그
는 자신의 세계관을 재구성했고 언어를 바꾸었으며 사
람들과의 관계 방식까지 바꾸게 되었습니다. 그의 채움
은 인격적 변형이었고, 존재의 재편성이었다.

요한복음이 영적으로 깊은 이유는 그가 예수님의 외적
사역보다 내적 본질을 더 많이 본 사람이었기 때문이었
습니다. 그는 기적보다 그 기적을 일으키신 예수님의 속
성을 보았고, 표적보다 표적의 의미를 보았으며, 사건보
다 사건을 통해 드러난 하나님의 마음을 보았습니다. 요

한의 채움은 눈에 보이는 현상보다 보이지 않는 실재를 붙드는 영적 시선에서 비롯되었습니다.

이런 변화의 깊이는 어거스틴의 회심 이야기에서도 유사하게 발견됩니다. 어거스틴의 회심 과정에서 그는 자신을 비난하고 공격하던 사람들을 향한 극심한 반감과 분노로 갈등했습니다. 그러나 회심 후 그는 그들을 더 이상 원수로 보지 않았습니다. 그는 그들의 악함이 문제가 아니라 자신이 그들을 향해 품고 있던 미움이 문제였다고 고백했습니다. 이는 사랑으로 채워질 때 인간의 내적 해석 구조가 어떻게 변화되는지를 보여주는 대표적 사례입니다.

요한도 예수님을 따르기 전에는 악을 악으로 갚으려는 강한 성격의 사람이었습니다. 그러나 예수님의 사랑으로 채워지자 그는 더 이상 힘으로 반응하지 않았습니다. 오히려 사랑으로 사람을 보는 사람이 되었습니다.

요한은 예수님과 함께한 세월을 통해 자신의 기질이 성령 안에서 다듬어지는 과정을 반복적으로 경험했습니다. 때로는 훈계를 받았고, 때로는 자기 한계를 드러냈으며, 때로는 예수님의 침묵 속에서 새로운 깨달음을 얻었습니다. 이러한 영적 훈련의 시간이 쌓여 갈수록 요한의 시선은 자신에게서 예수님에게로, 판단에서 사랑으로,

성급함에서 인내로 옮겨 갔습니다.

요한의 비움의 영성

요한의 영성은 채움의 영성에서 머물지 않았습니다. 그는 다음 단계인 비움의 영성을 경험했습니다. 예수님으로 채워진 사람은 반드시 자신을 비우는 과정을 지나갑니다. 그 과정에서 순간적인 성화와 점진적인 성화가 같이 나타납니다. 요한은 비움의 과정을 통해 육적인 자아, 성격, 주장, 옛 본성을 점점 비워냈습니다.

요한은 예수님을 따르면서 다른 제자들과 누가 더 크고 높은 자인지 다툼을 벌이며 경쟁했습니다. 그러나 시간이 흐를수록 그는 자신이 아니라 예수님을 드러내는 사람이 되었습니다. 복음서가 증언하는 이 변화는 제자도의 여정 속에서 자아가 해체되고 그리스도가 중심이 되는 전형적 성숙의 과정입니다.

그는 복음서에서 자기 이름을 밝히지 않았습니다. 그는 자기 자신을 소개할 때 예수께서 사랑하시는 제자라고 했습니다. 그는 자기 이름을 지워버리고 예수님의 사랑만 남겼습니다. 이것이 요한의 비움의 영성이었습니다. 요한에게 비움은 자기 부정이 아니라 자기 중심성의 해체였습니다.

요한은 자신의 정체성을 예수님의 사랑으로 새롭게 정의했습니다. 요한의 인생은 내가 누구인가에서 예수님이 나를 어떻게 사랑하셨는가로 방향이 바뀌었습니다. 요한은 자기를 증명하려 하지 않았고 예수님으로 자신을 해석했습니다. 이는 요한신학의 핵심 주제인 '사랑 안에 거함'의 실존적 구현이었습니다.

초대교회 부흥의 중심에는 이름 없는 성도들이 있었습니다. 교회를 세운 사람도, 복음을 전한 사람도, 생명을 걸고 환자를 돌본 사람들도 대부분 이름이 남지 않았습니다. 교부들은 이들을 '하나님이 기억하시는 자들'이라고 불렀습니다.

초대교회의 부흥과 확장은 탁월한 지도자 몇 명이 아니라 자기 이름을 비운 수많은 성도의 헌신 위에 세워졌습니다. 요한이 자기를 이름 없이 기록한 것도 이와 같은 정신이었습니다. 그는 이름이 지워져도 상관없었습니다. 사랑이 남으면 충분했습니다.

요한의 비움의 영성은 상실 속에서 더욱 깊어졌습니다. 동료 사도들은 모두 순교했고 교회는 박해를 받았고 자신은 밧모섬에 유배되었습니다. 사람도, 명예도, 사역도, 공동체도 모두 사라지고 흩어졌습니다. 그러나 그 상실의 아픔 속에서 오히려 요한의 비움의 깊이는 더해졌습니다. 이는 하나님께서 지도자의 외적 지지대를 제거하시고 내적 중심을 재정렬하시는 방식이었습니다.

요한이 유배지 밧모섬에서 경험한 고립은 단순한 고난이 아니라 하나님께서 그의 영혼을 다듬으시는 정화의 시간이기도 했습니다. 사람의 위로도, 공동체의 격려도, 사역의 열매도 보이지 않는 환경 속에서 요한은 오직 하나님 한 분만을 붙들어야 했습니다. 이 고독의 시간은 그의 영혼에서 불필요한 의지와 욕망을 벗겨 내었고, 하나님과의 관계만이 전부임을 더 깊이 깨닫게 하는 비움의 시간이 되었습니다.

그는 그 비움의 과정에서 다시 예수님을 바라보았습니다. 그리고 이렇게 기록했습니다. "주의 날에 내가 성령에 감동되어"(계 1:10). 비움은 끝이 아니라 성령님이 역사하시는 공간이었습니다. 비움이 깊어질수록 계시는 선명해졌고, 고립이 깊어질수록 하나님의 음성은 또렷해졌습니다. 이것이 요한의 비움의 영성이 도달한 지점이었습니다.

요한의 누림의 영성

요한의 영성은 누림의 영성으로 완성되었습니다. 요한에게 신앙은 끝없는 긴장이나 무거운 의무가 아니라 하나님 안에서 살아가는 삶 자체를 누리는 것이었습니다. 그는 예수님을 사랑하는 일을 부담이나 짐으로 느끼지 않았습니다. 오히려 예수님과 함께 하는 삶을 가장 자연스럽고 참된 삶의 방식으로 받아들였습니다.

요한은 박해와 고난 속에서 고통보다 깊은 만족과 평안을 누렸습니다. 요한은 신앙을 견뎌내야 할 과제가 아니라 누려야 할 선물로 이해하고 예수님 안에 거하는 삶을 은혜와 복으로 여겼습니다. 그래서 그는 공동체를 향해 이렇게 고백했습니다. "우리가 보고 들은 바를 너희에게도 전함은 너희로 우리와 사귐이 있게 하려 함이니 우리의 사귐은 아버지와 그의 아들 예수 그리스도와 더불어 누림이라"(요일 1:3).

이 고백에서 드러나듯 요한에게 신앙의 목적은 단순히 올바른 교리를 전수하는 데 있지 않았습니다. 그의 관심은 사람들이 하나님과 실제로 사귀며, 그 관계 안에서 생명을 누리도록 돕는 데 있었습니다. 요한에게 신앙은 관계였고, 그 관계는 누림으로 드러났습니다.

요한이 말한 사귐은 단순한 인간적 교제나 감정적 친밀감이 아니라 하나님의 생명과 사랑에 참여하는 영적 연합을 의미합니다. 요한은 신앙을 정보의 전달이나 규범의 수행으로 축소하지 않았습니다. 그는 하나님과의 실제적 관계 속에서 하나님의 생명과 사랑을 경험하고 누리는 것이 신앙의 본질임을 분명히 했습니다.

이 사귐은 하나님이 우리 안에 거하시고 우리가 하나님 안에 거하는 상호적 연합이며, 성령을 통해 믿는 자가 하나님의 생명에 참여하고 있다는 실존적 증거였습니다. 사귐이 깊어질수록 신앙은 형식이 아니라 생명이 되었고, 신앙생활은 의무가 아니라 기쁨의 자리로 변화되었습니다. 이렇게 누림으로 형성된 공동체는 머무는 공동체가 아니라 하나님과의 사귐을 세상에 드러내는 선교적 공동체가 되었습니다.

요한에게 누림의 영성은 현실을 부정하는 도피가 아니었습니다. 그는 고난과 상실을 외면하지 않았습니다. 동료 사도들의 순교, 교회의 박해, 그리고 자신의 유배 생활은 결코 가벼운 경험이 아니었습니다. 그러나 요한은 안정적인 환경이 무너질수록 더 깊은 차원의 누림을 경험했습니다. 외적인 안전과 성취가 사라진 자리에서 그는 하나님과의 관계 그 자체가 가장 확실한 기쁨임을 배웠습니다.

누림은 조건이 좋아질 때 생기는 감정이 아니라 하나님 안에 거할 때 자연스럽게 흘러나오는 삶의 상태였습니다. 이러한 누림은 고난받는 교회를 향한 요한의 증언과 권면 속에서 선교적 언어로 다시 흘러나갔습니다.

요한에게는 어떤 상황에서도 흔들리지 않는 기쁨이 있었습니다. 그는 이렇게 기록했습니다. "우리가 이것을 씀은 우리의 기쁨이 충만하게 하려 함이라"(요일 1:4). 요한의 기쁨은 상황에서 비롯된 것이 아니었습니다. 그것은 예수님과의 관계에서 흘러나온 열매였습니다.

요한의 평안은 환경이 보장해 주는 안정이 아니라 성령님의 임재에서 주어진 선물이었고, 그의 만족은 소유의 많고 적음이 아니라 하나님의 사랑 안에 거함에서 비롯되었습니다. 이 충만한 기쁨은 요한으로 하여금 복음을 침묵하지 못하게 했고, 교회를 향한 그의 기록 자체가 누림에서 비롯된 선교가 되었습니다.

결국 요한의 누림의 영성은 채움과 비움 이후에 주어진 성숙의 열매였습니다. 예수님으로 채워지고 자아를 비운 그는 마침내 하나님 안에서 자유롭게 누리는 삶에 이르게 되었습니다. 요한에게 신앙의 끝은 성취나 성공이 아니었습니다. 그는 하나님과의 사귐 안에서 기쁨이 충만해지는 삶이 신앙의 완성임을 자신의 삶과 글로 확실하게 증언했습니다.

이 누림은 개인적 만족에 머무르지 않고 하나님을 아는 기쁨을 온 세상에 전하게 하는 선교적 삶으로 확장되었습니다. 이것이 요한의 누림의 영성이며, 오늘의 신앙인들이 다시 회복해야 할 신앙의 본질입니다.

요한은 예수님으로 충만했고 자신을 비우며 하늘의 것을 누렸습니다. 요한의 영성은 채우고, 비우고, 누리는 영성이었습니다. 이 삼중의 영성은 요한 자신의 삶을 통해 증언된 실존적 길이었습니다. 그리고 그가 걸어간 길은 오늘을 살아가는 모든 성도가 충분히 따라갈 수 있도록 열려 있는 믿음의 여정이었습니다.

우리는 말씀으로 마음을 채우고, 일상의 불필요한 욕심과 자기 중심성을 비우며, 하나님께서 주시는 은혜와 평안을 누리는 삶으로 초대받았습니다. 이 누림은 현실을 외면하는 안락함이 아니라 하나님 안에 거하는 사람에게 주어지는 깊고 단단한 자유의 상태입니다.

특히 요한에게 누림은 개인적 만족에 머무르지 않았습니다. 예수 그리스도 안에 거하며 누리는 삶은 자연스럽게 세상으로 향하는 방향성을 지녔습니다. 하나님과의 사귐 안에서 충만해진 사람은 그 생명과 사랑을 감출 수 없으며, 결국 삶 전체로 복음을 드러내는 증인이 됩니다. 요한의 누림의 영성은 교회를 자기 보호의 공간이 아니라 사랑과 생명을 품고 세상으로 나아가는 선교적 공동체로 이해하게 하는 영적 토대였습니다.

그래서 중요한 것은 '요한이 어떤 사람이었는가'에서 더 나아가 오늘 우리는 어떻게 요한처럼 예수님을 더욱 깊이 사랑하며 살아갈 것인가 하는데 있습니다. 요한이 누렸던 충만함과 기쁨은 특정한 시대나 사도적 지위에 제한된 특권이 아니라 지금도 성령 안에서 모든 성도에게 열려 있는 은혜입니다. 우리도 요한처럼 예수님으로 자신을 채우고, 옛사람의 욕망과 두려움을 비우며, 하나님께서 주시는 하늘의 풍성함을 누리는 삼중의 영성을 추구해야 합니다.

이러한 누림 속에서 교회는 자기만족에 머무는 공동체가 아니라 다시 세상으로 파송받는 선교적 공동체로 서게 됩니다. 누림은 머무름이 아니라 파송이며, 기쁨은 증언이 됩니다. 그렇게 걸어갈 때 우리의 신앙은 상황에 흔들리지 않는 깊이를 얻게 되고, 우리의 삶은 복음의 향기가 되어 세상 가운데로 퍼져 나가게 될 것입니다.

■ 적용을 위한 질문

1. 채움의 영성을 위한 질문
1) 요한이 예수님의 사랑과 말씀으로 자신을 깊이 채

웠듯이, 나는 매일의 삶에서 예수님과 접속되는 시간 -
말씀, 기도, 묵상 - 을 얼마나 실제적으로 확보하고 있는
가? 그 시간이 관성적인 종교 행위가 아니라 나를 변화
시키는 '하늘의 채움'이 되기 위해 지금 즉시 바로잡아야
할 부분은 무엇인가?

2) 요한처럼 예수님과의 친밀함이 나의 생각·감정·
반응·대인 관계 속에 실제적인 흔적을 남기고 있는가?
혹 변화가 느껴지지 않는다면, 그 원인은 무엇이며 오늘
어떤 작은 채움의 결단을 시작할 수 있는가?

2. 비움의 영성을 위한 질문

1) 요한이 자신을 드러내지 않고 철저히 예수님을 높
였듯이, 나에게서 아직 비워지지 않은 '자아의 중심성'은
무엇인가? 인정받고 싶은 마음, 내려놓기 어려운 고집,
용서하지 못하는 감정 가운데 지금 주님께 비워 드려야
할 부분은 어디인가?

2) 하나님이 나를 비우려시는 과정 속에서 나는 무엇
을 붙잡으려 하고 있는가? 성령께서 지금 나에게 요구하
시는 '비움의 순종'은 무엇이며, 나는 그 부르심 앞에서
어떤 태도를 취하고 있는가?

3. 누림의 영성을 위한 질문

1) 요한은 감옥과 유배의 자리에서도 예수님의 임재를 누렸다. 나는 신앙생활에서 '억지로 버티는 신앙'과 '임재 안에서 누리는 신앙' 중 어느 쪽에 더 가까운가? 최근 나의 삶에서 주님이 일하시는 것을 보고 기쁨으로 반응한 순간이 있었다면, 그 경험은 언제였는가?

2) 요한이 계시를 통해 하늘의 영광을 바라보며 기뻐했듯, 나도 그러한 기쁨을 실제로 누리고 있는가? 한 영혼의 가치와 구원의 감격이 내 안에서 식어 있지는 않은가? 그렇다면 무엇이 나의 기쁨을 가리고 있으며, 어떤 회복이 지금 필요한가?

■ 기도

주님, 요한에게 부어 주셨던 은혜를 오늘 우리에게도 부어 주소서. 예수님의 사랑과 말씀으로 요한을 채우시고, 그의 자아를 비우시며, 하늘의 영광을 누리게 하셨던 그 삼중의 은혜가 우리의 영혼에도 동일하게 임하기를 구합니다.

주님, 먼저 우리를 예수님으로 깊이 채워 주옵소서. 진리의 말씀과 성령의 임재가 우리의 내면을 새롭게 하여 세상의 소리보다 주님의 음성이 더 크게 들리게 하시고,

다른 어떤 기쁨보다 예수님과 함께하는 시간이 우리의 생명을 살리는 숨결이 되게 하옵소서.

주님, 또한 우리 안에 있는 자아와 욕망, 고집과 두려움을 비워 주옵소서. 요한이 자신을 드러내지 않고 예수님만 높였듯이 우리도 자신을 십자가 아래 내려놓고 주님의 뜻을 따라 순종하는 길을 걷게 하옵소서. 비움의 시간이 때로 광야처럼 느껴질지라도 그 시간이 주님을 가장 선명히 만나는 자리임을 깨닫게 하시고 주님이 주시는 순종의 용기를 허락하여 주옵소서.

주님, 마지막으로 하늘의 누림을 허락하소서. 요한이 밧모섬에서도 영광의 주님을 바라보며 위로를 얻었듯 우리도 어느 자리에서든 주님의 임재로 기뻐하게 하시고, 하나님의 나라와 영원한 소망을 바라보며 감사와 찬양이 끊어지지 않는 삶을 살게 하옵소서.

주님, 요한이 걸었던 채움-비움-누림의 길을 우리도 매일의 삶에서 걷게 하시며 그 길이 우리를 예수님 닮은 사람으로 빚어 가는 은혜의 여정이 되게 하옵소서. 예수님의 이름으로 기도드립니다. 아멘.

제3장

초대교회의 영성

바나바의 영성

바나바는 신약의 인물 가운데 가장 빛나는 이름 중 하나입니다. 성경에 그가 남긴 기록은 많지 않지만 그 적은 기록 속에서 그의 영적 영향력은 분명하게 드러납니다. 그는 스스로 앞에 나서지 않았고, 화려한 기적이나 강력한 설교로 주목받지도 않았습니다. 그는 겉으로 드러나는 사역보다 사람을 살리고 공동체를 붙드는 조용한 은혜의 역할을 감당한 인물이었습니다. 그의 영향력은 눈에 띄지 않았지만 초대교회가 건강하게 뿌리내릴 수 있었던 중요한 이유 중 하나였습니다.

바나바의 본래 이름은 요셉이었습니다. 그러나 사도들은 그의 이름을 다르게 불렀습니다. 사도행전은 이 일을 이렇게 전하고 있습니다. "사도들이 일컬어 바나바라(번역하면 위로의 아들이라) 하니"(행 4:36). 바나바는 실제로 그런 사람이었습니다. 그는 연약한 이들을 격려하는 데 탁월했으며, 갈등의 자리에 서서 화해의 길을 만드는 사람이었습니다. 그의 존재 자체가 공동체를 부드럽게 하고 안전하게 만드는 힘이 있었습니다.

바나바의 영성은 예수님의 마음을 삶으로 체현한 실천적 영성이었습니다. 그는 공동체를 품고 보듬는 따뜻함과 더불어, 자신을 낮추어 섬기는 겸손의 길을 걸었습니다. 그는 예수님이 보여주신 상한 갈대를 꺾지 않으시며 꺼져 가는 등불을 끄지 않으시는(사 42:3) 마음을 실제 삶에서 구현한 사람이었습니다. 바나바는 잘 드러나지 않는 영적 그늘을 환하게 비추는 사람이었고, 공동체 안에서 소외된 사람을 찾아가 감싸 안는 품을 가진 사람이었습니다.

바나바의 위로는 단순한 성격적 따뜻함을 넘어, 하나님과의 깊은 만남에서 흘러나오는 영적 안정감에서 비롯된 것이었습니다. 그는 자신이 받은 은혜를 공동체 속에서 흘려보냈습니다. 그래서 바나바의 위로는 단순한 심리적 지지가 아니라 하나님의 마음을 전하는 영적 위로였습니다.

물론 바나바도 연약함을 지닌 인간이었으며(행 15:36-39), 그의 삶도 결코 완전하지 않았습니다. 그러나 하나님의 은혜가 그의 성품과 선택 속에서 드러났기 때문에 초대교회는 그의 사역을 귀하게 기억했습니다.

바나바의 채움의 영성

이러한 바나바의 영성은 성령과 믿음이 충만히 채워짐으로 시작되었습니다. 성경은 이러한 바나바의 인물됨을 이렇게 소개했습니다. "바나바는 착한 사람이요 성령과 믿음이 충만한 사람이라 이에 큰 무리가 주께 더하여지더라"(행 11:24).

여기서 '착한 사람'이라고 번역된 헬라어 ἀγαθός는 단순한 도덕적 선함이나 성품의 온순함을 의미하지 않습니다. 이 단어는 하나님을 향한 신뢰의 깊이, 공동체를 품는 마음의 넓이, 그리고 상황을 영적으로 분별하는 지혜를 함께 내포하는 표현입니다. 즉 바나바의 '착함'은 성령의 통치 아래 형성된 전인적 성숙을 가리킵니다.

바나바는 타고난 성품 때문에 위로자가 된 것이 아니었습니다. 그는 성령님께서 그의 마음을 넓혀주시고 시야를 열어주셨기 때문에 사람을 살리는 위로자가 될 수 있었습니다. 그의 충만함은 단순한 감정의 고조나 일시적인 열정이 아니라 성령님께서 그의 내면을 다스리심으로 형성된 깊은 내적 질서였습니다.

그래서 바나바의 말과 판단에는 조급함보다 여유가 있었고 평가보다 이해가 앞섰습니다. 성령으로 채워진 사람의 특징은 말의 크기가 아니라 중심의 안정에 있습니다.

바나바의 채움은 개인적 경건에 머물지 않고 공동체를 살리는 능력으로 확장되었습니다. 안디옥 교회에 파송되었을 때 그는 새로운 성도들에게 "굳건한 마음으로 주와 함께 머물러 있으라"(행 11:23)고 권면했습니다.

이 권면은 단순한 윤리적 당부가 아니라 하나님 안에 거하는 삶의 본질을 꿰뚫은 영적 통찰이었습니다. 하나님으로 충분히 채워진 사람만이 공동체를 향해 흔들리지 않는 중심을 제시할 수 있습니다. 바나바의 채움은 공동체를 안정시키는 영적 토대였습니다.

우리는 바나바의 채움의 영성을 성령의 은사를 많이 소유했다는 뜻으로 생각할 수 있습니다. 그러나 그보다는 하나님의 관점으로 사람과 현실을 바라보는 눈을 갖게 되었다는 것이 더 정확한 뜻입니다.

그는 사람을 볼 때 현재의 부족보다 하나님 안에서의 가능성을 먼저 보았습니다. 마치 제자의 잠재력을 알아본 스승이 그의 인생을 바꾸어 놓듯, 바나바는 한 사람의 미래를 믿음으로 바라보고 격려함으로 그 가능성이 현실이 되도록 도와주었습니다. 그의 채움은 사람을 성장시키는 영적 토양이었습니다.

이러한 모습은 어거스틴 안에 잠재된 영적 가능성을 알아보고 그를 품어 신앙의 길로 이끌었던 암브로시우스의 역할을 떠올리게 합니다. 암브로시우스는 논쟁으로 어거스틴을 이긴 것이 아니라 인내와 품음으로 그의 마음을 열었고, 그 결과 교회 역사의 큰 흐름이 바뀌었습니다. 이처럼 바나바 역시 눈에 띄는 자신의 업적보다 사람을 세우는 사역을 통해 초대교회의 방향을 결정짓는 인물을 길러냈습니다.

바나바는 사건을 해석할 때 두려움보다 믿음을 앞세웠고, 공동체를 인도할 때 인간적 계산보다 성령의 인도를 우선했습니다. 그의 채움은 부분적인 열심이 아니라 삶 전체를 아우르는 통전적 충만이었습니다. 이 충만함은 그의 판단을 성급함에서 지켜주었고, 선택을 성령님의 흐름에 깊이 뿌리내리게 했습니다. 성령님으로 채워진 사람은 언제나 빠른 결론보다 바른 방향을 선택합니다.

특히 바나바의 채움은 '겸손한 확신'이라는 열매로 나타났습니다. 성령으로 충만한 사람은 자칫 교만해지기 쉬운데 바나바는 채워질수록 더 낮아졌고 은혜가 깊어질수록 더 부드러워졌습니다. 그는 확신은 있었지만 강요하지 않았고, 진리를 말했지만 상대방에게 상처를 주지 않았습니다. 이것은 성령의 충만함이 만들어 내는 온유의 능력이었습니다.

또한 바나바의 채움은 사람을 살리는 영적 직관을 형

성했습니다. 그는 성령님이 사람의 내면에서 일하시는 작은 불씨를 누구보다 먼저 알아보았고, 그 불씨를 꺼지지 않도록 지켜주는 보호자가 되었습니다. 그의 채움은 눈에 보이는 은사가 아니라 성령님의 눈으로 사람을 바라보는 능력이었습니다. 바나바의 영성은 이렇게 채움으로 시작되어 사람을 살리는 삶으로 흘러갔습니다.

바나바의 비움의 영성

깊이 채워진 바나바의 영성은 비움으로 이어졌습니다. 바나바는 하나님이 일하시는 것을 방해하지 않기 위해 한걸음 물러설 줄 아는 사람이었습니다. 그의 비움은 물질의 비움, 역할의 비움, 그리고 사람을 대하는 태도에서의 비움까지 광범위했습니다.

그는 공동체의 유익을 위해 자신의 소유를 기꺼이 내어놓았습니다. 초대교회가 막 태동할 때 바나바는 자신의 밭을 팔아 그 돈을 사도들의 발 앞에 두었습니다. 이름을 알리기 위해서도 인정받기 위해서도 아니었습니다. 그리스도의 공동체가 든든히 세워지기를 바라는 마음에서 자신의 것을 비웠습니다.

이 사건은 단순한 헌금이 아니라 소유의 성화를 보여주는 행위였습니다. 바나바는 자신이 가진 것이 하나님 나라를 위해 사용될 때 비로소 참된 가치가 생긴다는 것을 알고 있었습니다. 바나바의 비움은 물질보다 마음의 비움이 더 깊었습니다. 그는 자신의 가치를 사람들이 인정해 주는 데 두지 않았고, 자신의 영적 위치를 확보하는 데 두지도 않았습니다. 하나님께 쓰임 받는 것 자체가 그의 기쁨이었습니다.

바나바의 비움은 물질에 한정되지 않았습니다. 더욱 깊고 중요한 비움은 사람을 향한 비움이었습니다. 사울이 회심하고 교회 안으로 들어오려고 할 때 대부분의 사람은 그를 의심했습니다. 비방자요 박해자요 폭행자였던 사울의 과거 행적이 교회와 성도들에게 끼친 피해가 너무도 크고 강렬했기 때문이었습니다.

그러나 바나바는 달랐습니다. 바나바는 사울에게 다가갔고 그의 변화가 참인 것을 믿었습니다. 바나바는 사울을 거부하는 사람들 앞에서 직접 그의 회심을 변호하며 중재자 역할을 감당했습니다. 바나바는 사람을 바라볼 때 현재의 상태보다 하나님에게 쓰임 받을 수 있는 가능성을 더 크게 보았습니다. 바나바는 과거보다 미래를, 실패보다 하나님의 은혜의 가능성을 보았습니다. 이것이 바나바가 다른 사람을 살리는 이유였습니다. 하나님의 시선으로 사람을 보면 정죄보다 회복이, 배제보다 포용

이 먼저 옵니다. 바나바는 바로 그 눈을 가진 사람이었습니다.

비움의 절정은 사역의 중심이 바나바에서 바울로 넘어갈 때 드러났습니다. 바나바와 사울의 초기 사역에는 '바나바와 사울'이라고 기록되었습니다(행 13:2). 그런데 얼마 후 그 순서가 바뀌었습니다. 사울의 이름도 바울로 바뀌어 소개되었습니다. 이는 사역의 중심이 바나바에서 바울로 넘어갔음을 의미하는 것이었습니다.

그런데 성경은 이때 바나바가 어떤 불편함이나 경쟁심을 드러냈다는 기록을 남기지 않았습니다. 그는 자신의 자리를 지키려 하지 않았고 사역의 주도권을 쥐려 하지 않았습니다. 그는 복음의 확산을 위해 한 걸음 뒤로 물러났습니다. 그리고 바울이라는 새로운 복음의 도구가 크게 사용되는 것을 기뻐했습니다.

이는 바나바의 내면에 자기 비움의 성숙이 이미 깊이 자리 잡고 있었음을 보여줍니다. 보통 사람은 자신의 이름이 뒤로 밀리면 불편함을 느끼고, 자신의 영향력이 줄어들면 위기감을 느낍니다. 그러나 바나바는 하나님께서 세우신 사람의 이름이 높아지는 것을 기쁨으로 받아들였습니다.

바나바는 자신이 그늘이 되어 다른 사람이 자라도록

도왔고, 그 그늘에 머문 것을 부끄러워하지도 않았습니다. 오히려 그는 그 자리를 은혜로 여겼습니다. 이것이 바나바의 비움의 영성이었습니다.

바나바의 누림의 영성

사람들은 대개 자신이 드러날 때 기뻐하고 즐거워합니다. 인정받고, 주목받고, 성과가 자신의 이름으로 기록될 때 마음이 충만해진다고 느낍니다. 그래서 우리는 무의식중에 신앙의 자리에서도 얼마나 드러났는가, 얼마나 영향력을 가졌는가를 기쁨의 기준으로 삼기 쉽습니다.

그러나 바나바의 기쁨은 전혀 다른 방향을 향해 있었습니다. 그는 자신이 중심에 서는 순간보다 하나님이 계획하신 사람이 세워지는 장면을 볼 때 더 깊은 기쁨을 누렸습니다. 이것이 바나바의 누림의 영성이었습니다. 그의 기쁨은 자신의 성취나 영향력의 확장에 있지 않았고, 하나님께서 일하신 결과가 공동체 안에 드러나는 데 있었습니다.

바나바는 초대교회에서 중요한 역할을 감당했지만 스스로를 전면에 내세우지 않았습니다. 사도행전은 그를 '권위 있는 지도자'보다 '위로의 사람'으로 기억했습니다. 그의 이름 자체가 '위로의 아들'이라는 뜻을 지니고 있는 것처럼 바나바의 삶은 다른 이들이 하나님의 부르심 안에서 자라나도록 돕는 데 초점이 맞추어져 있었습니다.

그는 자신이 조용히 뒤로 물러나는 순간에도 하나님의 손길이 계속해서 역사하는 것을 바라보며 감사할 줄 아는 사람이었습니다. 그의 누림은 성취의 환호가 아니라 하나님의 섭리가 이어지고 있다는 확신에서 비롯되었습니다.

바나바의 기쁨은 높은 자리를 차지하고 누리는 데 있지 않았습니다. 그는 안디옥 교회에서 중요한 지도자였지만 사울이 은혜와 능력 가운데 세워질 때 기꺼이 자신을 낮추었습니다. 바나바는 자신보다 더 크게 쓰임받는 사람의 등장을 위협으로 느끼지 않았습니다. 오히려 그는 하나님께서 새로운 일꾼을 일으키시는 장면을 보며 진심으로 기뻐했습니다. 그의 눈은 자신의 위치가 아니라 하나님의 뜻이 어디로 흘러가고 있는지를 향해 있었습니다. 그래서 그는 자리가 바뀌어도, 역할이 달라져도, 기쁨을 잃지 않았습니다.

바나바의 누림은 철저히 하나님 중심의 누림이었습니다. 그는 자신의 성공보다 복음의 성공을 더 크게 여겼고, 자신의 이름이 드러나는 것보다 하나님의 역사가 분명히 나타나는 것을 더 귀하게 여겼습니다. 이 하나님 중심성은 그를 비교와 경쟁에서 자유롭게 했습니다.

그는 누군가 앞서 나갈 때 시기하지 않았고, 자신이 뒤로 물러날 때도 상실감에 사로잡히지 않았습니다. 하나님이 일하신다는 사실 자체가 그의 기쁨의 근거였기 때문이었습니다. 이러한 누림은 인간의 성향으로는 불가능하며 오직 성령 안에서만 가능한 고귀한 누림이었습니다.

특히 마가 요한을 둘러싼 갈등 속에서 바나바의 누림의 영성은 분명하게 드러났습니다. 바울과의 의견 차이로 인해 사역의 길이 나뉘는 아픔을 겪었지만 바나바는 여전히 사람을 포기하지 않았습니다. 그는 즉각적인 성과보다 한 사람의 회복과 성장을 더 소중히 여겼습니다.

시간이 흐른 뒤, 마가가 다시 바울에게 유익한 동역자가 되었을 때 바나바의 선택은 하나님의 시간 안에서 옳았음이 증명되었습니다. 바나바는 이 결과를 보지 못했을지도 모르지만 그는 이미 하나님의 방식에 동참했다는 사실만으로 누릴 줄 아는 사람이었습니다.

결국 바나바의 누림의 영성은 '내가 얼마나 이루었는가'가 아니라 '하나님이 얼마나 자유롭게 일하시는가'를 바라보는 시선에서 완성되었습니다. 그는 주연일 때도, 조연일 때도, 심지어 이름이 기록되지 않는 자리에서도 기쁨을 잃지 않았습니다. 하나님이 주인 되시는 무대 위에서 자신이 어떤 역할을 맡든지 그 자체로 만족할 수 있었기 때문이었습니다.

바나바의 삶은 오늘날 성취와 노출에 지친 신앙인들에게 진정한 누림이 어디에서 오는지를 조용히 그러나 분명하게 증언하고 있습니다. 그 증언은 우리 역시 삶의 중심에서 한 걸음 물러설 때 하나님 나라의 기쁨이 비로소 넉넉히 흐른다는 사실을 알려주는 것입니다.

오늘 우리도 바나바처럼 살아야 합니다. 말씀과 성령으로 채워지고 자신을 비워 하나님의 뜻을 이루며 그로 인해 기쁨과 즐거움을 누릴 수 있어야 합니다. 오늘날 교회에는 바나바 같은 사람이 절대적으로 필요합니다. 우리는 바나바처럼 의심보다 믿음을, 선교를 위해 경쟁보다 협력을 선택해야 합니다. 자기 과시보다 하나님의 영광을 선택해야 합니다.

오늘의 교회는 위로의 사람이 필요합니다. 상처 입은 사람을 품어 주고, 소외된 사람을 불러 주며, 실패한 사람을 다시 일으켜 세우는 바나바의 영성이 필요한 시대입니다. 바나바의 영성은 보이지 않는 힘입니다.

그의 영성은 세상적으로 볼 때 미미하고 약해 보일 수

있습니다. 그러나 실제로는 공동체를 살리고 사람을 세우며 하나님의 나라를 확장시키는 가장 강력한 영적 힘이었습니다. 오늘 우리에게 필요한 것은 바나바의 이름을 가진 사람이 아니라 바나바의 마음을 가진 사람입니다.

■ 적용을 위한 질문

1. 채움의 영성을 위한 질문

1) 나는 성령의 충만함으로 사람을 바라보는 눈을 갖고 있는가? 바나바는 성령과 믿음이 충만한 사람이었고 (행 11:24), 그 충만함이 사람을 살리는 시야가 되었다. 나는 성령의 시선으로 사람을 보고 있는가, 아니면 내 감정과 경험으로 판단하고 있는가?

2) 나는 공동체를 향한 따뜻한 마음을 성품이 아니라 영적 채움에서 흘려보내고 있는가? 바나바의 위로는 단순한 성격적 온유가 아니라 하나님께 깊이 채워진 마음에서 흘러나온 것이었다. 나는 공동체를 사랑하려 할 때 하나님의 은혜로 먼저 내 마음이 채워지고 있는가?

2. 비움의 영성을 위한 질문

1) 나는 공동체의 유익을 위해 내 권리와 고집을 기꺼

이 내려놓을 수 있는가? 바나바는 물질을 비웠고(행 4:36
-37), 사역의 주도권도 비웠다. 나는 공동체가 살기 위해
나의 주장·위치·자존심을 내려놓을 수 있는가?

2) 나는 다른 사람의 과거보다 하나님이 주시는 미래
를 바라보는 비움의 눈을 가지고 있는가? 바나바는 사울
을 의심이라는 장벽 앞에서 변호하며 가능성을 보았다.
나는 사람의 약점과 과거를 비우고, 하나님께서 빚어 가
실 미래를 믿고 기다릴 수 있는가?

3. 누림의 영성을 위한 질문

1) 나는 내가 드러나는 것보다 하나님이 일하시는 것
에서 더 큰 기쁨을 누리는가? 바나바는 주연이든 조연이
든 기쁨을 잃지 않았다. 나는 하나님께서 이루시는 열매
를 보며 조용한 자리에서도 감사와 기쁨을 누리고 있는
가?

2) 나는 공동체 안에서 일어나는 회복·화해·동역의
열매를 진정으로 기뻐하는가? 바나바의 누림은 공동체
의 회복과 세움에서 비롯되었다. 나는 사람이 다시 서는
모습을 보며 내 마음도 함께 살아나는가?

■ 기도

주님, 바나바의 삶 속에 드러난 주님의 마음을 오늘 우리의 심령 안에도 새롭게 채워 주소서.

먼저 성령으로 채움 받는 은혜를 구하나이다. 바나바가 성령과 믿음이 충만하여 사람을 가능성으로 보았듯이 우리도 성령의 눈으로 사람을 바라보게 하소서. 우리의 판단과 감정보다 하나님의 시선이 더 크게 역사하게 하시고, 공동체를 향한 따뜻한 마음이 성품이 아니라 하나님의 사랑으로부터 흘러나오게 하소서.

또한 겸손하게 비우는 영성을 주옵소서. 바나바처럼 내 소유를, 내 자리와 주도권을, 그리고 사람을 향한 선입견을 비워 하나님의 뜻이 흐르는 통로가 되게 하옵소서. 사람의 과거를 붙잡는 마음을 비우고 하나님이 새롭게 하실 미래를 기대하는 믿음을 주옵소서. 나의 고집보다 공동체의 유익을 선택하는 용기를 주소서.

그리고 하나님 안에서 누리는 기쁨을 허락하소서. 바나바가 자신의 이름이 사라지는 자리에서도 하나님의 역사가 드러나는 것을 기뻐했듯이 우리도 조용한 자리, 드러나지 않는 자리에서도 하나님이 일하시는 것만으로 기뻐하게 하소서. 사람이 회복되고 세워지는 장면을 볼 때 우리의 마음도 함께 살아나는 은혜를 누리게 하옵소서.

주님, 오늘의 교회가 바나바를 필요로 하오니 우리 각 사람이 바나바의 마음을 품게 하시고, 상한 마음을 위로하며, 소외된 이들을 품으며, 하나님의 일을 함께 세워가는 동역자가 되게 하소서. 예수님의 이름으로 기도드립니다. 아멘.

스데반의 영성

초대교회는 급격한 성장과 심각한 갈등이 동시에 존재하던 공동체였습니다. 예루살렘 교회가 형성된 이후 폭발적인 부흥이 일어났고 빠르게 성도들의 수가 크게 늘면서 그에 따라 자연스럽게 행정적 문제와 구제의 형평성 문제가 발생했습니다. 사람의 힘으로는 감당하기 어려운 상황 속에서 사도들은 일곱 집사를 세워 공동체의 필요를 돌보도록 조치했습니다.

그런데 초대교회는 집사를 세울 때 행정을 잘하는 사람, 조직 능력이 뛰어난 사람, 경력이나 배경이 화려한 사람을 찾지 않았습니다. 그들은 가장 먼저 그 사람 안에 무엇이 채워져 있는지, 어떤 영성을 가지고 있는지를 살폈습니다. 다시 말해 능력보다 영성, 경험보다 성령, 재능보다 하나님과의 관계가 우선이었습니다.

"성령과 지혜가 충만하여 칭찬받는 사람"(행 6:3)이라는 기준은 오늘날 우리가 직분자를 세우는 방식과 크게 대비됩니다. 현대 교회는 종종 능력, 지식, 리더십 경험,

행정적 역량을 더 중요하게 평가하는 경향이 있습니다. 그러나 초대교회는 그 무엇보다도 '그 사람의 내면이 어떠한가'라는 문제를 가장 크게 보았습니다. 이 기준에 의해 선출된 일곱 집사의 중심에 스데반이 있었습니다. 이 사실은 우리에게 영적 리더십의 본질을 돌아보게 합니다.

스데반의 채움의 영성

성경은 스데반에 대하여 이렇게 증언했습니다. "믿음과 성령이 충만한 사람 스데반"(행 6:5), "스데반이 은혜와 권능이 충만하여"(사도행전 6:8), "스데반이 성령 충만하여"(행 7:55).

성경이 어떤 인물을 묘사할 때 '충만'이라는 단어를 반복해서 사용한 경우는 극히 드뭅니다. 스데반은 성령이 충만했을 뿐 아니라 믿음이 충만했고 은혜와 권능이 충만했으며 지혜가 충만한 사람이었습니다. 그의 내면 전체가 완전히 성령님의 통치 아래 있었습니다. 그래서 스데반은 외부의 위협이나 압박 속에서도 방향을 잃지 않았고 흔들리지도 않았습니다.

초대교회 교부 요한 크리소스톰은 스데반을 두고 이렇게 말했습니다. "그의 심장은 거룩한 불로 가득 차 있었습니다. 그러므로 그는 흔들리지 않았고, 세상이 주는 위협은 그를 건드리지 못했습니다." 이 말은 단순한 찬사가 아닙니다. 실제로 스데반이 직면한 상황은 우리가 상상하는 것보다 훨씬 극심했습니다. 성경학자 F. F. 브루스는 "스데반의 담대함은 단순한 인간적 용기가 아니라 성령 안에서 충만히 채워진 신앙의 결과였습니다"라고 평가했습니다.

스데반의 채움은 말씀에 대한 깊은 이해에서도 드러났습니다. 그는 설교자나 학자가 아니었지만 구약의 방대한 역사를 명확하게 이해하고 예수 그리스도 안에서 재해석할 수 있는 영적 통찰력을 가지고 있었습니다. 사도행전 7장에 나오는 그의 긴 변증 설교는 이 사실을 입증하고 있습니다.

그의 변증 설교는 그가 단지 지식이 많았다는 것을 의미하는 것이 아니라 말씀이 그의 삶의 구조가 되어 있었음을 보여준 것이었습니다. 실제로 초기 교회 문헌을 보면 설교자가 말씀 안에 온전히 뿌리내릴 때 공동체가 성령의 능력으로 살아났음을 반복적으로 기록하고 있습니다.

이처럼 말씀으로 채워진 사람은 시대를 보는 눈이 다르고 상황을 해석하는 기준이 다릅니다. 스데반의 내면은 말씀이 중심이었고 그의 생각과 판단은 성령님의 이끄심을 받고 있었습니다. 말씀으로 충만한 사람은 폭풍우 속에서 배의 키를 잡은 선장과 같습니다. 바람과 파도는 거세도 그 안에서 방향을 잃지 않습니다. 이런 채움의 사람에게 하나님은 새로운 역사의 문을 열어 주십니다.

스데반의 비움의 영성

스데반의 채움의 영성은 자연스럽게 비움의 영성으로 이어졌습니다. 성령으로 충만한 사람은 결국 자기 자신을 내려놓는 자리로 이끌리게 됩니다. 스데반은 자신을 드러내거나 변호하는 데 에너지를 사용하지 않았습니다. 그는 억울함을 호소하지 않았고, 오해를 풀기 위해 군중을 설득하려 하지도 않았습니다. 그는 자신이 옳다는 사실보다 하나님의 진리가 드러나는 것을 더 중요하게 여겼습니다. 그의 말과 태도에는 자기보존의 본능보다 하나님 중심의 질서가 분명히 자리하고 있었습니다.

스데반의 설교는 자신을 위한 변론이 아니었습니다. 사도행전 7장의 그의 긴 설교는 이스라엘의 역사를 처음부터 끝까지 하나님 중심으로 재구성란 것이었습니다. 그는 아브라함, 요셉, 모세의 이야기를 통해 하나님께서 얼마나 신실하게 일해 오셨는지를 증언하면서도 동시에 이스라엘이 그 은혜에 어떻게 반복적으로 저항해 왔는지를 숨김없이 드러냈습니다.

이 설교에는 자기합리화나 감정적 호소가 없었습니다. 오직 하나님의 주권과 인간의 불순종이라는 냉정한 진단만이 담겨 있었습니다. 이것은 자신을 보호하려는 사람에게서는 결코 나올 수 없는 태도였습니다.

스데반은 청중의 반응을 계산하지 않았습니다. 분노할 것이라는 사실을 알면서도 진리를 희석하지 않았고, 박수를 받기 위해 말을 조절하지도 않았습니다. 그는 진리가 자신을 살릴지, 죽일지를 고민하지 않았습니다. 그에게 중요한 것은 오직 하나였습니다. 하나님 앞에서 정직한 증인이 되는 것이었습니다. 이것이 바로 비움의 영성입니다. 비움이란 침묵하는 것이 아니라 자신을 위한 말하기를 포기하는 것입니다.

스데반의 비움은 위기의 순간에 더욱 분명하게 드러났습니다. 그는 돌에 맞아 죽어 가는 극한의 상황 속에서도 두려움이나 절망에 사로잡히지 않았습니다. 그는 자신을 향해 날아오는 돌보다 하늘이 열리는 것을 보았고, 군중의 분노보다 하나님의 영광을 바라보았습니다. "인자가 하나님 우편에 서신 것을 보노라"(행 7:56)는 그의 외침은 현실을 부정한 망상이 아니라 비움 끝에서 허락된 영적 시야였습니다.

특히 그의 마지막 기도는 스데반의 비움의 영성이 어디까지 이르렀는지를 분명히 보여주었습니다. 그는 예수님처럼 자신의 영혼을 하나님께 맡겼고, 예수님처럼 자신을 죽이는 자들을 용서해 달라고 기도했습니다. "주 예수여 내 영혼을 받으시옵소서"(행 7:59), "주여 이 죄를 그들에게 돌리지 마옵소서"(행 7:60).

이 기도에는 자기 연민도, 자신에게 돌을 던지는 자들에 대한 분노도 없었습니다. 오직 사랑과 신뢰만이 있었습니다. 이것은 인간의 도덕적 결단을 넘어 십자가의 영성이 그의 내면에 완전히 자리 잡았음을 보여준 것이었습니다.

스데반의 비움은 패배가 아니었습니다. 그것은 자기 생명을 붙드는 방식에서 하나님께 맡기는 방식으로의 전환이었습니다. 그는 자신의 생명을 지키기 위해 진리를 희생하지 않았고, 진리를 증언하기 위해 생명을 아끼지 않았습니다.

이 비움의 자리에서 하나님은 새로운 역사를 준비하고 계셨습니다. 스데반의 순교 현장에는 사울이라는 청년이 서 있었습니다. 인간의 눈으로 보면 스데반의 죽음은 모든 것이 끝난 사건처럼 보였지만 하나님의 관점에서는 교회의 역사를 바꾸는 씨앗이 심겨지는 순간이었습니다.

스데반의 비움의 영성은 오늘 우리에게 신앙의 기준에 대해 다시 질문하게 합니다. '우리는 얼마나 자주 하나님을 위해 말한다고 하면서 사실은 자신을 보호하기 위해 말하는가? 얼마나 자주 진리를 말한다고 하면서도 손해 보지 않기 위해 수위를 조절하는가?'

스데반은 자신을 비움으로 하나님께 모든 결과를 맡겼습니다. 그 결과는 죽음이었지만 동시에 복음 확장의 문이 열리는 시작이었습니다. 비움은 아무것도 남지 않는 상태가 아닙니다. 비움은 하나님만 남게 하는 선택입니다. 스데반은 그 선택을 끝까지 걸어간 사람이었고, 그 비움의 자리에서 그는 예수님을 가장 닮은 증인이 되었습니다.

스데반의 누림의 영성

스데반은 죽음을 맞이하기 직전에 인간의 언어로는 설명하기 어려운 영광의 장면을 보았습니다. 성경은 그 순간을 이렇게 증언했습니다. "스데반이 성령 충만하여 하늘을 우러러 주목하여 하나님의 영광과 및 예수께서 하나님 우편에 서신 것을 보고"(행 7:55). 이 장면은 단순한 환상이 아니라 성령 충만함 속에서 허락된 종말론적 현실의 열림이었습니다. 스데반은 죽음의 문턱에서 현실을 잃은 것이 아니라 오히려 궁극적 현실을 보게 되었습니다.

특히 주목할 것은 예수님께서 하나님 우편에 서 계셨다는 표현입니다. 성경은 일반적으로 예수님이 하나님 우편에 앉아 계신다고 증언합니다(막 16:19; 롬 8:34; 엡 1:20; 골 3:1; 히 1:3, 8:1, 10:12; 벧전 3:22). 그러나 스데반의 순교 장면에서는 예수님이 앉아 계시지 않고 서 계셨습니다.

이것은 스데반을 맞이하시고 그의 증언과 순교를 존귀하게 받으시는 환대의 몸짓으로 해석되어 왔습니다. 스데반은 땅에서는 정죄받았지만 하늘에서는 즉각적으로 환영받았습니다. 그의 누림의 영성은 바로 이 지점에서 절정에 이르렀습니다.

스데반은 돌에 맞아 쓰러져 가는 순간에도 절망 속에 잠기지 않았습니다. 그는 자신을 향해 던져지는 돌보다, 자신을 향해 열려 있는 하늘을 보았습니다. 사람들의 분노보다 하나님의 영광을 보았고, 죽음의 고통보다 예수님의 임재를 경험했습니다. 이것이 누림의 영성입니다. 누림은 상황의 제거가 아니라 상황을 초월하는 하나님의 임재 안에 거하는 능력입니다. 스데반은 죽음 한가운 데서도 하나님을 누렸고, 고통 속에서도 하늘의 기쁨에 참여했습니다.

누림의 영성이 없다면 순교는 비극으로 끝납니다. 고통과 상실, 억울한 죽음만이 남습니다. 그러나 누림의 영성이 있을 때 순교는 패배가 아니라 영광의 통로가 됩니다. 스데반에게 죽음은 모든 것이 무너지는 순간이 아니라 하나님 나라의 실재가 가장 분명하게 드러나는 순간이었습니다. 그는 생명을 잃는 자리에서 생명의 주를 더 깊이 누렸습니다.

이 누림은 개인적 체험에 그치지 않았습니다. 스데반의 누림의 영성은 교회의 역사를 움직이는 동력이 되었습니다. 그의 순교 이후 예루살렘 교회에는 큰 박해가 일어났고, 성도들은 사도들을 제외하고 유대와 사마리아 전역으로 흩어졌습니다. 그러나 이 흩어짐은 패주가 아니라 파송이었습니다.

성경은 박해 이후의 상황에 대해서 "그 흩어진 사람들이 두루 다니며 복음의 말씀을 전할새"(행 8:4)라고 증언했습니다. 흩어진 사람들은 박해 중인데도 숨지 않고 오히려 더 활발하게 복음을 전했습니다. 스데반의 죽음은 교회를 침묵시키지 못했고, 오히려 복음을 급속히 확산시키는 불씨가 되었습니다.

초대교회의 선교는 치밀한 전략이나 조직적 계획에서 시작되지 않았습니다. 성령으로 채워지고, 자신을 비우고, 하나님을 누리는 사람들을 통해 자연스럽게 이루어졌습니다. 스데반은 살아서 선교 여행을 떠나지 못했지만 그의 죽음은 수많은 선교적 발걸음을 탄생시켰습니다. 그의 누림은 개인의 위로를 넘어 공동체와 역사를 움직이는 힘이 되었습니다.

더욱 의미심장한 사실은 스데반의 순교 현장에 사울이 서 있었다는 사실이었습니다. 성경은 사울이 스데반의 죽음을 마땅히 여겼다고 기록했습니다(행 7:60). 인간의 눈으로 보면 그 순간은 철저한 패배의 장면이었습니다. 하지만 하나님의 섭리 안에서는 새로운 역사의 씨앗이 심겨진 일이었습니다.

훗날 그 사울은 다메섹 도상에서 부활하신 예수님을 만나 사도 바울로 변화되었고, 세계 선교의 중심 인물로 쓰임받게 되었습니다. "순교자들의 피는 교회의 씨앗이다"라고 말한 교부 터툴리안의 고백처럼 하나님은 스데반의 피 위에 교회의 선교 역사를 자라나게 하셨습니다.

스데반의 누림의 영성은 오늘의 신앙을 다시 돌아보게 합니다. '우리는 하나님을 누리는가? 아니면 하나님을 이용하는가? 우리는 고난이 사라질 때만 기뻐하는가? 아니면 고난 속에서도 하나님을 누리는가? 스데반은 아무것도 소유하지 않은 자리에서 모든 것을 누렸습니다. 그의 누림은 환경이 아니라 임재에서 나왔고, 보상이 아니라 관계에서 흘러나왔습니다.

스데반의 누림의 영성은 채움과 비움의 끝에서 이루어지는 완성의 자리였습니다. 성령으로 채워지고, 자신을 비우고, 마침내 하나님을 누리는 사람이 바로 스데반이었고, 그 누림의 향기는 오늘도 교회를 살리고 있습니다.

오늘날의 교회는 스데반의 영성을 다시 배워야 합니다. 그는 성령으로 채워진 사람이었고, 자신을 비운 사람이었으며, 죽음의 순간에도 하늘의 영광을 누린 사람이었습니다. 그의 영성은 초대교회를 깨웠고 박해 가운데서도 교회를 선교적 공동체로 변모시켰습니다. 그는 위기의 시대, 혼란의 시대, 가치가 흔들리는 시대를 살아가는 교회와 성도에게 반드시 필요한 영성의 길을 보여주었습니다.

스데반의 길을 따르는 성도는 성령의 능력으로 채워지고 복음 앞에서 자신을 비우며 하나님 나라의 영광을 누리게 됩니다. 그리고 교회는 다시 선교적 교회로 일어서게 됩니다. 스데반이 보여준 삼중의 영성은 오늘 교회가 반드시 회복해야 할 영성의 본질입니다.

■ 적용을 위한 질문

1. 채움의 영성을 위한 질문
1) 나는 성령과 말씀으로 내 마음을 충만하게 하고 있는가? 스데반처럼 내 안에 성령과 믿음과 은혜가 가득 차 있어 폭풍과 위협 속에서도 흔들리지 않는가?
2) 내가 이해하는 성경 지식은 단순한 정보가 아니라 삶을 새롭게 바꾸는 능력으로 이어지고 있는가? 스데반이 말씀으로 시대를 보고 판단하듯, 나의 말씀 생활이 실제 삶과 공동체에 적용되고 있는가?

2. 비움의 영성을 위한 질문
1) 나는 내 의와 자기 방어를 내려놓고 오직 복음과 하나님의 뜻을 위해 말하고 행동하고 있는가? 스데반처럼 자신을 드러내거나 변호하려는 마음 없이 하나님과 복음 앞에 서 있는가?
2) 나는 고난과 압박 속에서 분노와 두려움을 내려놓고 하나님께 의지하고 있는가? 스데반이 돌에 맞아 죽는

순간에도 마음을 예수님께 맡긴 것처럼, 나는 고통과 시련 속에서 하나님께 완전히 맡기고 있는가?

3. 누림의 영성을 위한 질문

1) 나는 현재 삶에서 하나님의 임재와 영광을 실제로 경험하며 누리고 있는가? 스데반이 순교의 순간에도 하늘의 영광을 본 것처럼, 나는 어려움 속에서도 하나님의 임재와 기쁨을 누리고 있는가?

2) 나는 하나님 나라의 사명을 부담이 아니라 특권과 기쁨으로 받아들이고 있는가? 스데반이 자신의 죽음을 통해 선교의 역사가 이어진 것처럼, 나는 하나님께서 맡기신 사명을 기쁨과 감사로 감당하고 있는가?

■ 기도

주님, 스데반의 삶을 통해 보여 주신 채움과 비움과 누림의 영성을 우리도 경험하게 하소서.

먼저 성령과 말씀으로 채워지는 은혜를 허락하소서. 스데반이 믿음과 은혜와 권능으로 충만했듯이 우리도 성령님의 통치 아래 마음과 생각이 충만하여 폭풍과 위협 속에서도 흔들리지 않는 신앙을 가지게 하소서.

또한 자기 의와 자기 방어를 내려놓는 비움의 은혜를

주옵소서. 스데반이 자신의 억울함이나 두려움을 내려놓고 복음과 하나님을 위해 살았듯이 우리도 모든 것을 하나님께 맡기고 내 안의 불순한 마음과 자기 중심적 욕망을 버리게 하소서.

그리고 하나님의 임재와 영광을 누리는 영성을 부어 주소서. 스데반이 순교의 순간에도 하늘의 영광을 경험했듯이 우리도 현실의 어려움과 고난 속에서도 하나님의 임재를 보고 누리며 주님의 사명을 특권과 기쁨으로 감당하게 하소서.

주님, 우리의 삶이 스데반처럼 성령으로 충만하고, 비움과 누림 속에서 새로워지며 그 안에서 하나님 나라의 역사를 이루는 통로가 되게 하소서. 예수님의 이름으로 기도드립니다. 아멘.

빌립의 영성

초대교회는 위대한 사도들만으로 세워지지 않았습니다. 교회의 기초를 실제로 떠받친 사람들이 있었고, 눈에 띄지 않는 자리에서 성령의 흐름에 자신을 내어 맡긴 사람들이 있었습니다. 빌립은 바로 그런 사람이었습니다. 그는 설교의 중심에 자주 등장하지도 않았고, 교회의 대표 인물로 기억되는 경우도 많지 않습니다. 그러나 사도행전은 빌립을 통해 초대교회가 어떤 영성 위에 서 있었는지를 분명하게 증언하고 있습니다.

빌립은 일곱 집사 중 한 사람으로 선택되었지만 그의 삶은 단순한 봉사의 차원을 넘어있었습니다. 그는 성령으로 충만한 사람이었고, 말씀에 깊이 뿌리내린 사람이었으며, 하나님의 인도 앞에서 자신을 기꺼이 내려놓을 줄 아는 사람이었습니다. 그리고 무엇보다 그는 성령과 동행하는 삶 자체를 기쁨으로 누린 사람이었습니다. 빌립은 '무엇을 했는가'보다 '어떤 사람으로 살았는가'를 통해 초대교회의 영적 본질을 보여주었습니다.

오늘의 교회는 종종 전략과 프로그램, 성과와 효율을 먼저 묻습니다. 그러나 사도행전은 전혀 다른 질문을 던집니다. '성령으로 채워진 사람인가? 자기를 비울 줄 아는 사람인가? 하나님과 동행하는 기쁨을 누리는 사람인가?'

빌립의 삶은 이 질문들에 대한 하나의 완성된 답입니다. 그의 인생에는 채움과 비움과 누림이 분리되지 않은 하나의 흐름으로 이어져 있었습니다. 빌립이 걸어간 길은 특별한 사명을 받은 소수의 길이 아니라 모두가 걸어가야 할 길입니다. 그 길은 성령님께 자신을 맡긴 모든 그리스도인이 부르심을 받은 영성의 길입니다.

빌립의 채움의 영성

성경은 먼저 빌립의 채움의 영성을 이렇게 소개하고 있습니다. "성령이 충만한 사람… 빌립과"(행 6:5). 이 한 구절은 그의 정체성이 어떠한지 명료하게 보여줍니다. 빌립의 채움의 영성은 외적 능력을 쌓은 것이 아니라 성령님으로 채워진 것이었습니다.

빌립의 사역을 보면 그는 성령으로 충만했을 뿐 아니라 말씀으로도 충만하여 복음에 대한 강한 확신을 가지고 있었고, 예수 그리스도에 대한 일편단심의 신뢰심이 있었으며, 하나님의 나라에 대한 소망으로 충만했습니다. 초대교회는 이렇게 채워진 사람을 세워 사역을 맡겼습니다. 빌립의 채움의 영성은 말씀과 성령의 실제적 내주로 형성된 것이었고 그의 모든 사역의 기반을 이루었습니다.

빌립은 복음이 유대인과 이방인의 경계를 넘어 모든 민족에게 전파되어야 한다는 예수님의 비전을 붙들었습니다. 그의 내면에 뿌리를 내린 말씀과 성령님의 강력한 역사하심은 그를 한 교회의 집사가 아닌 땅끝을 향한 전도자가 되게 했습니다. 이처럼 말씀과 성령으로 채워지면 평범한 사람이 비범한 사람으로 변화됩니다.

한 젊은 청년은 대학 시절 영적 공허와 방향 상실을 겪었습니다. 그는 세속적인 성공과 사람들의 인정 속에서 살았지만 깊은 공허를 느꼈습니다. 그러던 중 그는 한 기도 모임에서 말씀 묵상의 중요성을 듣고, 매일 말씀 읽기와 묵상을 실천하기 시작했습니다. 그 과정을 통해 그는 삶의 가치가 바뀌었고, 주변의 믿음의 친구들과의 교제 속에서 복음의 기쁨과 책임을 새롭게 경험했습니다. 그의 삶의 변화는 단지 개인적 윤리의 변화가 아니라 공동체를 섬기고 사랑하는 실제적 열매로 나타났습니다. 이처럼 말씀과 성령으로 채워지는 삶은 시대를 뛰어넘어 오늘 우리에게도 동일한 능력을 나타냅니다.

또한 성령님으로의 충만은 단지 감정적 고양이 아니라 영적 명료성을 가져옵니다. 성령님이 충만하게 임하시면 하나님의 뜻을 분별하는 능력이 강화되고 마음에는 담대함으로 가득 채워집니다. 미국의 영적 부흥을 이끌었던 D. L. 무디는 "하나님께 쓰임을 받는데 필요한 것은 학력이 아니라 성령의 충만입니다"라고 강조했습니다. 이는 빌립이 보여 준 채움의 영성을 현대적으로 설명하는 중요한 통찰이었습니다.

빌립의 비움의 영성

채움은 비움으로 이어집니다. 스데반의 순교 이후 예루살렘 교회에 큰 박해가 일어나 모두 사방으로 흩어졌을 때 빌립은 그 상황을 두려워하지 않았고 부정적으로 해석하지도 않았습니다. 그는 자신이 통제할 수 없는 상황에서 하나님의 목적을 찾았고 비움의 영성으로 반응했습니다.

그는 사마리아로 내려가 그곳 백성들에게 복음의 말씀을 전했습니다. 당시 유대인들에게 사마리아는 꺼리는 지역이었고 편견을 비워야 갈 수 있는 곳이었습니다. 그는 자신의 문화적 우월감과 익숙한 사역의 방식, 그리고 안정된 일상의 틀을 모두 내려놓았습니다. 성령님의 인도는 종종 빌립의 한계를 넘어섰지만 그는 주저하지 않았습니다. 그는 인간적 계산을 비우고 하나님의 주권에 무조건 순종했습니다.

비움의 절정은 광야로 내려가라는 하나님의 부르심에서 드러났습니다. 빌립은 사마리아에서 일어난 놀라운 영적 부흥의 한가운데 있었습니다. 더러운 귀신이 떠나고 중풍병자와 걷지 못하는 자가 고침을 받는 기적과 표적이 나타났습니다. 백성들은 예수님을 믿고 세례를 받았으며 사마리아 성 전역에 복음의 역사가 강하게 일어나고 있었습니다. 사역의 절정이었기 때문에 당연히 더 머물러 부흥의 역사를 이끌어가야 했습니다.

그러나 하나님의 계획은 사람의 생각과는 전혀 달랐습니다. 주의 사자가 빌립에게 말했습니다. "일어나서 남쪽으로 향하여 예루살렘에서 가사로 내려가는 길까지 가라"(행 8:26). 그런데 그 길은 광야였습니다. 광야는 사람이 없는 곳이고 전략적으로 보기에도 효율이 떨어지는 지역이었습니다.

그러나 빌립은 자신의 생각과 판단을 비웠습니다. 그는 성공의 자리를 홀연히 떠났고 자기만족의 사역을 내려놓았습니다. 그는 열매의 크기가 아니라 하나님의 말쏨에 무조건 순종했습니다. 이렇게 비워진 사람만이 하나님의 인도를 따라갈 수 있습니다.

여기서 주목할 사실은 인간적인 성과의 기준을 비우지 못하면 하나님의 섭리로 안내받기 어렵다는 것입니다. 빌립은 성령의 인도 앞에서 자신을 내려놓았고, 바로 이 비움이 새로운 사역의 문을 열었습니다. 한 선교사가 외쳤습니다. "내가 내 계획을 내려놓는 순간, 하나님의 기적이 시작되었습니다." 이 고백은 빌립이 보여 준 비움의 영성의 본질을 정확히 설명해 줍니다.

빌립의 누림의 영성

빌립은 마음을 비우고 순종하는 가운데 영적 누림을 경험했습니다. 이 누림은 단순히 은혜를 느끼는 정서적 체험이 아니라 하나님이 자신을 통해 무엇을 이루시는지를 확인하며 동행의 기쁨을 누린 것이었습니다.

그는 광야에서 예루살렘에 왔다가 돌아가는 에디오피아 여왕 간다게의 국고를 맡은 관리인 내시를 만났습니다. 이 만남은 복음이 유대와 사마리아를 넘어 땅끝으로 향하는 하나의 중대한 사건이었습니다. 내시는 수레를 타고 돌아가며 이사야의 글을 읽었습니다. 이 때 빌립은 "수레로 가까이 나아가라"(행 8:29)는 성령님의 음성을 들었습니다.

빌립은 망설임 없이 적극적으로 순종했습니다. 그는 이사야의 글을 읽는 낯선 이방인에게 다가가 깨닫느냐고 묻고 아니라는 대답을 듣자 이사야 예언이 그리스도에 관한 것임을 풀어 주었습니다. 그리고 물 있는 곳에서 세례를 요청하는 내시에게 세례까지 베풀었습니다.

빌립은 억지로 사역하지 않았습니다. 그는 성령님의 흐름에 자연스럽게 자신을 맡겼고 하나님이 일하시는 현장을 보면서 기쁨을 누렸습니다. 그에게 영적인 누림은 하나님의 은혜가 삶으로 흘러넘치는 상태였습니다.

그리고 빌립의 누림의 영성은 한 영혼의 가치를 깊이 인식하고 한 영혼의 구원을 통해서도 큰 기쁨과 보람을 느끼는 영성이었습니다. 빌립은 눈에 보이는 사역의 크기나 성과를 계산하지 않고 하나님께서 지금 만나게 하신 그 한 사람에게 온 마음을 기울였습니다. 그에게 누림은 하나님의 뜻에 즉각 순종하며 하나님과 동행하고 있다는 확신에서 흘러나오는 기쁨이었습니다.

이것은 수많은 군중에만 열광하는 오늘날의 상황에서는 도무지 이해할 수 없는 영성입니다. 그러나 하나님의 마음을 품은 사람들의 한 영혼을 대하는 태도는 세상 사람들과는 전혀 다릅니다.

세계적 복음전도자 빌리 그래함은 새벽 강연을 앞두고 길가의 한 노인에게 복음을 전하며 이렇게 말했습니다. "하나님께는 한 영혼이 집회장에 모인 수천 명보다 귀합니다." 빌립도 동일한 마음으로 움직였습니다. 수많은 군중의 환호보다 광야에서 만난 단 한 영혼의 구원으로 말미암아 기쁨과 만족을 누렸습니다.

많은 성도에게 복음 전도는 무거운 짐으로 여겨집니다. 그러나 빌립에게 전도는 짐이 아니라 하나님에게 쓰임을 받는 특권이요 영광이었습니다. 그는 하나님으로 채워져 강한 내적인 힘과 능력을 가졌고 자아를 비울 줄 아는 순종의 용기를 소유했으며 하나님과 동행하는 누림의 길을 걸었습니다.

그리고 그 누림은 선교적 열매로 이어졌습니다. 에디오피아 여왕의 내시를 통해 복음의 씨앗이 뿌려지게 되었고 훗날 북아프리카 복음화의 통로가 되었습니다. 빌립의 삶은 누림이 선교로 이어질 때 복음이 얼마나 멀리 흘러갈 수 있는지를 조용히 증언합니다.

오늘의 교회와 성도들은 빌립의 삼중 영성, 채움과 비움과 누림을 다시 회복해야 합니다. 세상은 성취를 강조하고 인간적 효율을 추구하며 성과 중심의 사역을 요구하지만 성경은 정반대의 흐름을 제시합니다. 채움 없는 비움은 불가능하고, 비움 없는 누림은 있을 수 없습니다. 누림은 하나님과 동행하는 사람에게만 주어지는 특권입니다.

우리는 매일 말씀과 성령으로 자신을 채우는 시간을 가져야 합니다. 묵상, 기도, 예배는 선택 사항이 아니라 영적 생존에 필요한 필수 사항입니다. 세상적인 자아와 편견, 집착과 나 중심적인 계획을 내려놓는 비움의 영성을 길러야 합니다.

하나님은 비운 사람을 사용하십니다. 성령님이 일하시는 현장에 자신을 내어 맡길 때 동행의 기쁨을 누릴 수 있습니다. 광야든 도시든, 한 영혼이든 군중이든, 성령님이 인도하시는 곳이 복된 자리입니다. 우리도 빌립처럼 한 영혼의 가치를 귀하게 보는 마음을 회복해야 합니다.

하나님은 언제나 사람을 통해 역사하십니다. 오늘 하나님은 우리에게 질문하십니다. "너는 성령이 가라 하시는 길을 따라갈 준비가 되어 있느냐?" 빌립이 걸어갔던 길은 성령님으로 채워지고 자아를 비우고 하나님과 동행하며 누린 삼중 영성 여정의 모범입니다.

■ 적용을 위한 질문

1. 채움의 영성을 위한 질문

1) 나는 매일의 삶에서 말씀과 성령으로 자신을 채우기 위해 어떤 실제적인 시간을 확보하고 있는가? 그 시간이 형식이 아니라 생명의 통로가 되기 위해 무엇을 더 바로잡아야 하는가?

2) 초대교회의 빌립처럼, 말씀과 성령의 충만함이 나의 사고방식 · 감정 · 결정에 실제적인 영향력을 미치고 있는가? 그렇지 않다면 그 이유는 무엇이며, 오늘 어떤 변화를 시작할 수 있는가?

2. 비움의 영성을 위한 질문

1) 하나님께 순종하는 데 걸림돌이 되는 나의 '사마리아'는 무엇인가? 내려놓아야 할 편견 · 익숙함 · 자기중심성은 무엇이며, 그것을 비우도록 성령께서 지금 나에게 어떤 부르심을 주고 계시는가?

2) 광야로 부르실 때, 내가 붙들고 싶은 '성과 · 열매 · 안정감'은 무엇인가? 주님께서 나에게 요구하시는 '비움의 순종'은 무엇이며, 나는 그것 앞에서 어떤 태도를 취하고 있는가?

3. 누림의 영성을 위한 질문

1) 나는 사역이나 봉사 속에서 '억지로 하는 수고'와 '성령과 동행하는 누림' 중 어느 쪽에 더 가까운가? 하나님이 일하시는 장면을 기쁨으로 바라본 경험이 있다면, 그 순간은 언제였는가?

2) 한 영혼의 가치를 깊이 느끼며 기뻐했던 경험이 있는가? 있다면 그 순간을 다시 떠올려 보고, 없다면 왜 그 기쁨을 누리지 못했는지, 나의 마음이 어떤 회복을 필요로 하는지 생각해 보라.

■ 기도

주님, 말씀과 성령으로 충만했던 빌립처럼 하나님의 생명으로 나를 채우는 영성을 허락하소서. 잠시의 만족이 아니라 영원한 진리로 내 영혼을 채우게 하시고 세상의 소리보다 주의 음성을 더 선명히 듣게 하소서.

또한 내 안에 자리한 자기중심과 두려움, 편견과 계산을 비우게 하소서. 사마리아라 여겨지는 곳까지도 기꺼이 순종하게 하시며 광야로 부르실 때에도 주님의 계획이 더 크다는 사실을 온전히 신뢰하게 하소서.

그리고 주님과 동행하는 누림의 영성을 회복하게 하소서. 억지로 하지 않게 하시고 성령이 일하시는 현장에서 기쁨을 보게 하시며 한 영혼의 구원 앞에서 하늘의 기쁨을 맛보게 하소서. 오늘도 성령님이 인도하시는 길이라면 광야든 도시든, 군중이든 한 영혼이든 어디든지 달려가게 하소서.

주님, 빌립이 걸었던 삼중 영성의 길을 나도 걷게 하여 주옵소서. 예수님의 이름으로 기도드립니다. 아멘.

에필로그

채우고 비우고 누린 사람들

한 사람의 영성은 결코 하루아침에 형성되지 않습니다. 영성은 갑작스러운 깨달음이나 일회적 결심으로 세워지는 것이 아니라 하나님을 알아 가고 자신을 내려놓으며 하나님 안에서 쉬는 시간을 통과하면서 서서히 형성됩니다.

우리는 종종 짧은 감정적 뜨거움이 영적 성숙을 보장할 것처럼 착각하지만 성경은 일관되게 그와 전혀 다른 이야기를 들려줍니다. 영성은 순간의 선택이 아니라 반복된 방향의 결과이며, 하루하루의 삶 속에서 하나님을 향해 조금씩 기울어지는 마음의 궤적 속에서 자라납니다.

예수님과 베드로, 바울, 그리고 초대교회의 성도들이 걷던 길은 단번에 완성된 길이 아니었습니다. 그 길은 수많은 질문과 실패, 회복과 순종이 반복된 오랜 여정이었습니다. 그들의 이야기는 먼 역사가 아니라 오늘 우리의 영적 여정 속에서 그대로 되풀이되는 살아 있는 증언입니다.

이 책에서 살펴본 인물들은 모두 이 느린 여정을 통과한 사람들이었습니다. 그들은 특별해서가 아니라 하나님의 손에 자신을 맡겼기에 변화되었습니다. 이 점에서 성경의 인물들은 이상적인 영웅이 아니라 오늘 우리와 같은 자리에서 부르심에 응답했던 동행자들입니다.

채움의 영성은 모든 여정의 출발점입니다. 그리고 그 채움은 언제나 하나님께로부터 시작됩니다. 하나님이 먼저 말씀하시고, 은혜로 우리를 불러내시며, 성령으로 우리의 눈을 열어 주실 때 비로소 영성의 문이 열립니다. 사람의 결단이 아니라 하나님의 선제적 은혜가 언제나 신앙의 첫 장을 엽니다.

갈릴리 바닷가에서 주님의 부르심을 들은 베드로는 자신이 어떤 사람으로 변화될지 알지 못했지만, 그 부르심 앞에 마음을 내어드렸습니다. 다메섹 길에서 주님을 만난 바울 역시 자신의 가치관 전체가 뒤바뀌는 충격 속에서도 그 음성에 응답했습니다. 하나님이 먼저 다가오셨기 때문에 그들의 삶은 새 방향을 향해 나아갈 수 있었습니다.

이 채움은 단순히 감정이 넘치는 순간이 아니라 우리

의 생각을 새롭게 하고 마음의 질서를 바로잡아 하나님 중심으로 살아가는 방향을 세우는 은혜의 기초입니다. 베드로와 바울, 그리고 그 외의 인물들의 삶에서도 이 출발점은 동일했습니다. 그들은 모두 먼저 성령과 말씀으로 채워진 사람들이었습니다. 이 채움이 있었기에 이후의 흔들림과 실패 속에서도 다시 돌아올 기준이 존재할 수 있었습니다.

그러나 채움만으로는 영성이 성숙할 수 없습니다. 하나님께서 주시는 은혜를 제대로 담기 위해서는 반드시 비움의 여정을 지나야 합니다. 비움은 단순히 무언가를 포기하는 행위가 아닙니다. 그것은 하나님 앞에서 자신의 실체를 바라보고, 자기 능력의 한계를 받아들이며, '하나님이 하나님 되신다'는 진리를 실제 삶의 중심에 다시 가져다 놓는 과정입니다. 비움은 은혜가 머물 자리를 내어드리는 신앙의 결단입니다.

이 비움의 시간은 종종 실패나 절망의 모습으로 다가옵니다. 베드로는 주님을 세 번 부인한 실패 앞에서 자신이 얼마나 작은 존재인지를 절감했고, 바울은 자신의 몸에 남은 약함과 가시 앞에서 스스로 설 수 없는 존재임을 고백했습니다. 그러나 바로 그 자리에서 하나님은 그들을 붙드시고 다시 일으켜 세우셨습니다.

비움은 우리를 작게 만들기 위한 과정이 아니라 하나님께 더 깊이 붙들리게 만드는 은혜의 과정입니다. 제자들이 자기 고집과 판단을 내려놓았을 때 성령께서 그들의 삶을 새롭게 사용하셨듯이 비움을 경험한 사람만이 하나님이 열어 가시는 길을 분명하게 볼 수 있습니다. 자기 확신이 무너질 때 하나님의 뜻은 비로소 또렷해집니다.

빌립이 사마리아의 부흥을 떠나 광야로 내려갈 수 있었던 것도, 바나바가 자신의 이름보다 다른 이를 세우는 길을 선택할 수 있었던 것도 이 비움의 영성이 있었기 때문이었습니다. 그들은 성공보다 순종을, 자기 자리보다 하나님의 계획을 더 소중히 여겼습니다.

채움과 비움의 순서가 제자리를 잡을 때 비로소 누림의 영성이 열립니다. 누림은 감정의 고조가 아니라 하나님이 나와 함께하신다는 사실이 삶 전체를 지탱하는 평안입니다. 환경이 변해도 흔들리지 않는 마음의 중심, 소명 안에서 발견되는 기쁨, 말씀 속에서 솟아나는 위로가 바로 누림의 영성입니다. 누림은 관계의 깊이에서 흘러나옵니다.

초대교회 성도들이 고난 속에서도 기쁨을 잃지 않았던 이유는 그들 안에 사라지지 않는 누림의 샘이 있었기 때문입니다. 누림은 현실을 피해 도망치는 정서가 아니라 현실 속에서 믿음으로 견디게 하는 힘이며 고난 한가운데서도 걸음을 멈추지 않게 하는 은혜의 바람입니다.

누림은 하나님을 실제로 살아내는 사람의 모습입니다. 그 삶은 어떤 상황에서도 잔잔한 빛을 잃지 않습니다. 스데반이 돌에 맞아 죽어 가는 순간에도 하늘의 영광을 바라볼 수 있었던 것은 그가 이미 하나님과의 관계 안에서 누림의 삶을 살고 있었기 때문입니다.

그러나 이 모든 과정을 통틀어 가장 중요한 사실은 영성의 여정은 결국 하나님께서 시작하시고 하나님께서 완성하신다는 진리입니다. 우리는 때로 방향을 잃고 흔들리며 주저앉기도 합니다. 우리의 믿음은 생각보다 쉽게 무너지고, 우리의 의지는 자주 한계에 부딪힙니다. 그러나 하나님은 우리를 포기하지 않으십니다. 채우시는 분도 하나님이시고, 비우게 하시는 분도 하나님이시며, 누리는 자리까지 걸어가게 하시는 분도 하나님이십니다. 영성의 주도권은 언제나 인간이 아니라 하나님께 있습니다.

우리가 할 수 있는 일은 그 부르심 앞에 작게라도 응답하며, 어제보다 조금 더 하나님을 신뢰한 마음으로 오늘의 한 걸음을 성실하게 내딛는 일입니다. 그 작은 걸음들이 쌓여 영성이 자라납니다. 우리가 성장하는 것이 아니라 하나님께서 우리를 자라게 하십니다. 이것이 바로 은혜의 질서이며, 삼중의 영성이 인간의 공로가 될 수 없는 이유입니다.

삼중의 영성은 단순한 신학적 구조나 교리적 설명이 아닙니다. 이것은 하나님께서 한 사람을 새롭게 빚어 가시는 실제적 방식이며, 성경 속 모든 영적 변화가 따라가는 일관된 흐름입니다. 채움은 하나님이 은혜로 다가오시는 방식이며, 비움은 그 은혜에 우리가 응답하는 방식이고, 누림은 하나님과 동행하는 삶 속에서 자연스럽게 맺히는 결과입니다. 이 흐름은 시대와 상황을 넘어 오늘도 동일하게 작동합니다.

이 길을 걸었던 사람들은 모두 흔들린 적이 있었지만, 그 누구도 끝내 무너지지 않았습니다. 그들의 중심에는 언제나 변함없이 그들을 붙드시는 하나님이 계셨기 때문입니다. 그러므로 삼중의 영성은 이상적인 영성의 모델이 아니라 오늘도 우리가 실제로 살아 낼 수 있는 복음의 길입니다.

이제 이 책을 덮는 우리의 마음에도 그 은혜가 새롭게 임하기를 바랍니다. 말씀으로 채워지고, 자기 중심을 비우며, 하나님 안에서 누리는 삶이 우리의 일상 속에서 다시 시작되기를 소망합니다. 이 여정은 때로 길고 험하게 느껴질 수 있지만 하나님께서는 그 길을 걷는 사람을 반드시 새롭게 하시며 마침내 주님의 영광으로 이끄실 것입니다.

그러나 이 영성의 여정은 개인의 내면에만 머무르지 않습니다. 하나님 안에서 채워지고 비워지고 누리는 삶은 반드시 세상을 향한 방향성을 갖습니다. 하나님을 깊이 누린 사람은 그 누림을 독점하지 않고, 삶으로 복음을 드러내는 증인으로 세상 가운데 보내심을 받습니다. 삼중의 영성은 교회를 자기 보호의 공간이 아니라 하나님의 사랑과 생명을 품고 세상으로 흘려보내는 선교적 공동체로 세웁니다. 누림은 머무름이 아니라 파송으로 완성됩니다.

하나님은 여전히 사람을 통해 일하시며, 오늘의 교회와 성도를 부르고 계십니다. 그 길 위에서 하나님은 우리를 버리지 않으시고, 우리가 상상하는 것보다 더 풍성하게 채우시며 더 깊이 비우게 하시고 더 넓게 누리게 하실 것입니다. 그리고 그 누림은 개인의 만족을 넘어 상처 입은 세상과 고난 가운데 있는 이들을 향해 나아가게 하는 선교의 기쁨으로 이어질 것입니다. 하나님을 누리는 기쁨은 언제나 세상을 향해 열려 있습니다.

하나님을 누리는 사람은 결국 하나님이 사랑하시는 세

상 속으로 파송된 사람입니다. 이것이 채우고 비우고 누린 사람들의 마지막 목적지이며, 동시에 오늘의 교회가 다시 붙들어야 할 복음의 길입니다.

삼중 영성의 가치

장명수

삼중 영성의 원형인 예수님으로부터 사도들과 제자들의 영성을 살펴본 바, 삼중 영성은 성경과 신학, 그리고 목회적 가치가 대단히 높습니다. 이는 단순한 영적 분류가 아니라 성경 전체를 관통하는 본질적 흐름이며, 성경의 인물들이 실제로 걸어간 삶의 방식에서 길어 올린 살아 있는 영성의 언어이기 때문에 신학적으로도 균형을 이루고, 목회 현장에서도 실제적인 힘을 갖는 영성 구조입니다.

삼중 영성은 '채움 – 비움 – 누림'이라는 단계를 통해 하나님께서 사람을 변화시키고 사용하시는 방식을 설명해 주며, 그 자체가 삼위일체적 질서를 품고 있기 때문에 신앙의 전 영역에서 높은 활용도를 가지고 있습니다. 이 구조는 개인 경건의 차원을 넘어 공동체, 교회, 선교의 영역까지 자연스럽게 확장됩니다.

성경적 가치

삼중의 영성은 단순한 개념적 틀을 넘어 성경 전체에서 반복적으로 나타나는 실제적 영적 흐름입니다. 말씀이 내면을 채우는 단계, 성령님이 임하시는 단계, 그리고 그 충만이 삶에서 실천으로 나타나는 단계는 성경의 주요 인물들에게서 공통적으로 관찰되는 패턴입니다. 이 흐름은 특정 시대나 인물에 국한되지 않고 하나님의 백성을 형성하시는 보편적 방식으로 나타납니다.

그 후에는 자신을 부정하고 순종으로 내려놓는 비움의 시기가 찾아오며, 이 비움은 단순한 포기가 아니라 하나님 앞에서 자신을 다시 만들어 가는 과정입니다. 마지막으로 하나님께서 주시는 기쁨과 사명의 열매를 경험하는 누림이 뒤따릅니다. 이 누림은 하나님과의 관계 안에서 주어지는 깊은 만족입니다.

이 세 단계는 분리되지 않고 한 영적 흐름 안에서 서로 긴밀하게 연결되어 있습니다. 특히 이 구조는 단순히 신앙 성숙의 순서를 설명하는 것이 아니라 하나님이 사람을 다루시는 일관된 패턴을 드러내는 해석학적 열쇠 역할을 합니다. 따라서 삼중 영성은 성경을 부분적으로 읽는 시선을 넘어 전체를 관통해 읽도록 돕습니다.

예수님의 공생애는 이 구조의 완전한 모델입니다. 예수님은 말씀과 성령으로 채워지셨고(세례와 성령의 임재), 광야 시험과 십자가라는 철저한 비움의 길을 걸으셨으며, 부활과 승천, 그리고 교회를 세우시는 과정에서 누림의 영광을 드러내셨습니다. 이를 통해 예수님은 삼중의 영성이 하나님의 구속 계획 그 자체임을 보여주셨습니다.

바울 역시 다메섹 도상에서의 채움, 여러 고난과 자기 죽음의 비움, 그리고 사도로서의 풍성한 열매라는 누림의 구조를 통해 동일한 영적 패턴을 보였습니다. 베드로, 마태, 마가, 누가, 요한, 바나바, 스데반, 빌립 등도 역시 이 삼중 구조 속에서 형성되었습니다. 이처럼 삼중 영성은 특정 성향의 인물에게만 나타나는 예외적 현상이 아니었습니다.

이 패턴은 구약에서도 동일하게 작동합니다. 모세는 미디안 광야에서 채움과 비움의 긴 여정을 지나 하나님이 주시는 사명의 누림을 맛보았고, 다윗 역시 목동 시절 채움과 기름부음, 광야의 비움, 왕으로 세움받는 누림을 경험했습니다. 이처럼 하나님은 시대를 초월하여 동일한 방식으로 사람을 다루셨습니다.

이렇게 보면 삼중의 영성은 단순한 신학적 구도 이상이며 하나님이 사람을 빚어 가시는 방식 그 자체입니다. 그리고 이러한 흐름은 '창조-타락-구속-새창조'라는 성경신학적 큰 서사 속에서도 일관되게 반복되는 패턴입니다. 따라서 삼중 영성은 단지 인물 분석을 넘어 하나님의 구속사 전체를 읽는 틀임을 보여줍니다. 이 점에서 삼중 영성은 성경신학적 통합성을 지닌 영성 구조라 할 수 있습니다.

복음서에서 시작된 이 흐름은 사도행전에서 선교적 동력으로 폭발하며, 서신서에서는 신학적으로 정립된 원리로 자리 잡습니다. 특히 사도행전의 전개는 삼중 영성이 구속사적 구조와 자연스럽게 맞물려 있음을 명확하게 드러냅니다. 사도행전은 삼중 영성이 개인을 넘어 공동체를 움직이는 힘임을 증언합니다.

말씀과 성령님의 충만으로 준비되고, 순종과 헌신의 비움으로 나아가며, 복음의 확장과 열방 선교라는 누림으로 이어지는 패턴은 초대교회 공동체 전체의 핵심 리듬이며 성장의 핵심 리듬입니다. 이 리듬이 살아 있을 때 교회는 위기 속에서도 방향을 잃지 않았습니다.

신학적 가치

삼중의 영성은 신학적으로 삼위일체 하나님의 사역과 밀접하게 연결되어 있습니다. 채움은 성령의 사역을 반영합니다. 성령님은 말씀을 깨닫게 하시고, 은혜를 공급하시며, 내면을 새롭게 하십니다. 이는 하나님의 선행적 은혜가 신앙의 출발점임을 분명히 합니다.

비움은 그리스도의 길입니다. 그리스도는 스스로를 비우시고, 하나님 아버지의 뜻에 순종의 길을 걸어 십자가에서 죽기까지 복종하셨습니다. 따라서 비움은 그리스도의 삶에 참여하는 신앙의 방식입니다.

누림은 아버지 하나님께서 이루시는 열매입니다. 하나님 아버지는 순종의 길을 걷는 자에게 기쁨과 영광, 그리고 하나님 나라의 참여라는 누림을 허락하십니다. 이 누림은 하나님의 선물로 주어집니다.

이와 같은 삼위일체적 질서 속에서 삼중의 영성은 단순한 수행 단계가 아니라 삼위 하나님의 사역이 인간 안에서 진행되는 과정으로 이해될 수 있습니다. 그 때문에 삼중의 영성은 어느 한 위격에게만 치우치지 않으며, 성령-그리스도-아버지의 사역이 인간 안에서 외적으로 드러나는 방식이라는 점에서 매우 조화롭고 균형 잡힌 영성 체계라고 할 수 있습니다.

구원론적 관점에서도 삼중 영성의 가치는 분명합니다. 채움은 은혜의 선물인 칭의를 상징합니다. 말씀이 마음을 여시고 성령님이 역사하셔서 하나님을 믿게 되는 순간입니다. 비움은 성화의 과정입니다. 옛사람이 죽고, 자아를 내려놓으며, 십자가의 길을 실제로 걷는 단계입니다. 누림은 영광의 전조입니다. 장차 누릴 하나님의 나라와 그리스도의 영광을 이 땅에서 부분적으로 맛보는 것입니다.

따라서 삼중의 영성은 구원론적 진행을 경험적·영성적 언어로 재해석한 틀이며, 성도의 실제 신앙 경험을 교리적 언어와 자연스럽게 연결해 줍니다. 이 구조는 정통 신학의 전통적인 구원론 흐름과 어긋나는 부분이 없으며 오히려 더 명확하고 유기적으로 정리해 주는 역할을 합니다.

하나님의 선교(Missio Dei)의 관점에서도 삼중의 영성은 유효한 틀입니다. 하나님은 성령으로 채우시고, 순종의 자리로 비워 보내시며, 열방 가운데서 열매를 맺게 하십니다. 그러므로 삼중 영성은 단지 개인의 내면적 성장만 설명하는 것이 아니라 선교의 신학적 구조를 밝히는 틀로도 기능합니다.

교리적 가치

삼중의 영성은 전통적 교리와 충돌하지 않으며 오히려 교리를 삶의 자리에서 살아 움직이는 실제로 드러내 줍니다. 이는 교리가 추상적 개념이나 교리문답의 언어에 머무르지 않고 성도의 일상과 신앙 여정 속에서 어떻게 구현되는지를 보여주는 해석의 틀이라는 점에서 중요한 의미를 가집니다.

성령론의 관점에서는 성령님의 채우심이 어떻게 삶을 변화시키는지를 보여주고, 그리스도론에서는 비움이 그리스도의 십자가적 삶과 어떻게 맞닿아 있는지를 깊이 있게 조명합니다. 특히 성령님의 사역이 단순한 능력 체험이나 은사 중심으로 오해되는 것을 넘어 존재 전체를 하나님께로 향하게 하는 근본적 변화임을 분명히 합니다.

제자도에서는 자기 부인과 십자가의 의미가 비움의 실천으로 구체화되며, 교회론에서는 누림의 단계에서 공동체 안에 맺히는 열매가 어떻게 나타나는지를 확인하게 합니다. 이로써 삼중의 영성은 개인 신앙과 공동체 신앙을 분리하지 않고 하나의 유기적 흐름으로 묶어 줍니다.

이러한 틀 속에서 바울의 "쉬지 말고 기도하라"는 권면과 "나는 날마다 죽노라"는 고백과 "항상 기뻐하라"는 명령 역시 각각 채움과 비움과 누림의 영성적 흐름 안에서 읽을 때 그 의미가 더욱 선명해집니다. 이 말씀들은 개별적이고 분리된 명령이 아니라 하나님과의 관계 속에서 성도가 어떻게 변화되어 가는지를 보여주는 하나의 유기적 구조로 이해될 수 있습니다.

기도는 은혜로 채워지는 자리이며, 자기 죽음은 그 은혜 앞에서 자신을 내려놓는 응답이고, 기쁨은 그 과정 속에서 하나님이 허락하시는 열매라는 점에서 이 말씀들은 서로 깊이 연결되어 있습니다.

더 나아가 삼중의 영성은 지나치게 기계적이거나 도식화된 영성 모델을 지양하고 성경이 보여주는 자연스러운 흐름을 그대로 반영합니다. 이는 신앙을 일정한 단계나 성취 목표로 환원시키지 않고 살아 있는 관계의 과정으로 이해하도록 돕습니다.

그로 인해 교리적 경직이나 신학적 위험 없이 적용할 수 있는 장점을 지니며 교리적 정통성을 유지하면서도 실제적 영성 훈련에 활용할 수 있는 보기 드문 모델이라 할 수 있습니다. 특히 교리를 강조할수록 삶과 괴리되는 현상을 경험해 온 교회 현실 속에서, 삼중의 영성은 교리와 삶을 다시 연결하는 건강한 다리 역할을 감당합니다.

결국 삼중의 영성은 '무엇을 믿는가'라는 교리적 질문을 '어떻게 살아내는가'라는 신앙의 실제로 이끌어 주는 구조입니다. 이 점에서 삼중의 영성은 교리를 충실히 구현하는 방식이라 할 수 있습니다. 교리는 삶에서 검증될 때 비로소 그 진가가 드러나며, 삼중의 영성은 그 검증의 장을 성도의 일상 한가운데로 가져옵니다.

목회적 · 실천적 가치

영성은 설교 · 양육 · 제자훈련 · 성경공부 · 신학교 강의 등 실제 목회 현장에서 매우 높은 활용도를 지닙니다. 예수님부터 베드로, 바울, 마태, 마가, 누가, 요한, 바나바, 스데반, 빌립까지 신약의 인물들만 살펴보았지만 그들 뿐만 아니라 거의 모든 성경 인물들의 영성을 채움-비움-누림의 구조로 정리할 수 있기 때문에 설교 준비와 제자훈련에 탁월한 틀이 됩니다.

이 구조는 특정 인물이나 상황에 국한되지 않기 때문에 성경 본문 해석과 적용 사이의 간극을 줄여 주는 실천적 도구로도 매우 유용합니다. 목회자는 삼중의 영성을 통해 본문을 설명한 후 성도의 삶에 어떻게 연결할 것인지 보다 분명한 방향을 제시할 수 있습니다.

오늘날 현대인이 겪는 영적 · 정서적 문제와 연결되는 부분도 적지 않습니다. 채움은 내면의 공허 · 정체성의 혼란 · 관계의 상처를 치유하는 첫 단계입니다. 비움은 자아 중심적 태도와 오래된 상처, 탐욕과 욕망의 매듭을 풀어내는 과정입니다. 누림은 하나님이 주시는 기쁨과 자유, 의미와 사명을 경험하게 하여 우울·소진·무력감에서 벗어나는 실제적 변화를 가져옵니다.

이처럼 삼중 영성은 영적 문제와 심리적·정서적 문제를 분리하지 않고 복음 안에서 함께 다루도록 돕는 통합적 접근을 가능하게 합니다. 특히 현대인은 채움 없이 누림을 원하는 소비적 영성과 비움 없이 일만 하는 수행적 영성 사이에서 방황하고 있으므로 삼중 영성은 이 왜곡을 바로잡고 영적 건강의 균형을 회복하게 하는데 도움을 줄 수 있습니다.

또한 삼중의 영성은 성도의 신앙 상태를 진단하고 돌보는 데에도 매우 실천적인 틀을 제공합니다. 목회자는 성도의 문제를 단순히 '믿음이 약하다'거나 '헌신이 부족하다'고 판단하기보다 채움이 부족한지, 비움의 과정에서 멈춰 있는지, 혹은 누림을 경험하지 못한 상태인지를 분별할 수 있습니다.

이 분별은 설교와 상담과 양육의 방향을 보다 섬세하고 정확하게 조정할 수 있게 합니다. 그 결과 목회적 돌봄은 획일적인 권면에서 벗어나, 개인의 영적 위치에 맞는 맞춤형 동행으로 발전할 수 있습니다.

특히 탈진한 사역자와 상처 입은 성도들에게 삼중 영성은 회복의 기회를 제공합니다. 무조건적인 헌신을 요구하기보다 먼저 채움의 자리를 회복하게 하고, 필요하다면 비움의 시간을 충분히 허락하며, 그 과정을 거쳐 누림으로 나아가도록 이끌어 줍니다. 이는 사역의 효율보다 생명의 회복을 우선시하는 목회의 방향성을 분명히 제시합니다.

삼중 영성은 영적 탈진이 만연한 오늘의 교회 현실 속에서 매우 중요한 실천적 가치를 지니고 있습니다. 이를 바르게 이해하고 적용한다면 영혼을 소모시키는 사역이 아니라 생명을 살리고 회복시키는 건강하고 지속 가능한 목회를 가능하게 할 것입니다. 나아가 이는 단기적인 열매보다 장기적인 신앙의 지속성과 공동체의 건강을 지향하는 목회적 비전을 세우는 데에도 중요한 기준이 될 것입니다.

선교적 가치

삼중의 영성은 본질적으로 선교적 구조를 내포하고 있습니다. 채움-비움-누림의 흐름은 개인의 내면 성장에 머무르지 않고 하나님께서 교회와 성도를 세상으로 보내시는 선교의 리듬과 정확히 맞닿아 있습니다.

채움은 준비의 단계입니다. 말씀과 성령으로 채워진 사람은 세상을 하나님의 긍휼과 회복이 필요한 곳으로 바라보는 하나님의 시선과 마음을 품게 되고, 세상을 향한 하나님의 뜻을 인식하게 됩니다. 선교는 열심 이전에 먼저 하나님의 마음으로 채워지는 데서 시작됩니다. 따라서 채움은 선교적 삶 전체를 떠받치는 영적 토대이며, 하나님과 시선을 공유하는 은혜로운 준비 과정이라 할 수 있습니다.

비움은 파송의 단계입니다. 하나님은 사람을 사용하시기 전에 반드시 내려놓게 하십니다. 안정, 익숙함, 자기 계획과 성공의 기준을 비우지 않고서는 하나님의 선교에 온전히 참여할 수 없습니다. 제자들이 그물을 버렸고, 바울이 이전의 유익을 배설물로 여겼던 것처럼 선교는 언제나 비움의 결단을 동반합니다. 이 비움은 손해가 아니라 하나님 나라를 위한 재배치입니다.

누림은 열매의 단계입니다. 하나님께서 이루시는 선교에 참여할 때 성도와 공동체는 설명할 수 없는 기쁨과 충만을 경험하게 됩니다. 이는 단순한 성과의 만족을 넘어 하나님이 일하시는 현장에 동참한다는 깊은 영적 누림입니다. 초대교회가 박해 속에서도 기쁨을 잃지 않았던 이유는 그들이 복음 확장의 열매 속에서 하나님 나라의 실제를 누렸기 때문입니다.

사도들은 복음을 전했다는 이유로 매를 맞고 공회 앞에서 모욕을 당했지만 그 이름을 위하여 능욕받는 일에 합당한 자로 여기심을 기뻐하면서 공회 앞을 떠났습니다(행 5:41). 그들의 기쁨은 순종을 통해 복음이 확장되고 있다는 사실과 자신들이 하나님 나라의 역사에 동참하고 있다는 확신에서 비롯된 것이었습니다. 박해가 심해질수록 복음은 오히려 더 멀리 퍼져나갔습니다.

이 관점에서 보면 삼중의 영성은 '보내심 받은 공동체'로서의 교회 정체성을 분명히 합니다. 교회는 채움의 장소이지만 마냥 머물러 있지 않습니다. 비움의 순종을 통해 세상으로 흩어지고, 누림의 열매를 통해 하나님 나라를 증언합니다. 삼중 영성은 교회를 소비 공동체나 프로그램 중심 조직이 아닌 하나님의 선교에 참여하는 살아 있는 유기체로 회복시킵니다.

따라서 삼중의 영성은 개인 영성, 교회 목회, 그리고 세계 선교를 하나의 흐름으로 통합하는 드문 영성 구조입니다. 개인의 채움은 공동체의 비움으로 이어지고, 공동체의 비움은 열방을 향한 누림으로 확장됩니다. 이 순환 속에서 교회는 끊임없이 새로워지고, 하나님의 선교는 지속적으로 앞으로 나아가게 됩니다.

결론적으로 삼중의 영성은 성경 전체에 흐르는 영적 원리이며, 신학적으로 삼위일체와 구원론에 깊이 연결되고, 교리적으로 정통성을 갖추며, 목회적으로도 실천 가능한 강력한 모델이며 교회를 머무는 공동체가 아니라 선교하는 공동체가 되게 하는 가치를 지니고 있습니다.

따라서 이 책을 정독하신다면 독자들은 삼중의 영성이 단순한 영적 이론이 아니라 성경 · 신학 · 교리 · 목회 · 선교를 통합하는 실제적 틀임을 발견하게 될 것입니다.

이제 독자께서 삼중의 영성을 직접 삶 속에서 적용할 차례입니다. 채움의 시간을 통해 말씀과 성령으로 내면을 새롭게 하고, 비움의 여정을 통해 자신을 내려놓고 십자가의 길을 걸으며, 하나님께서 허락하시는 누림 속에서 사명과 기쁨을 맛보십시오. 이 누림은 단순한 감정적 위로가 아니라 하나님이 이루시는 사역에 동참하는 깊은 영적 경험이 될 것입니다.

삼중의 영성은 혼자가 아니라 공동체 속에서 더욱 풍성해집니다. 교회와 가정, 동역자들과의 관계 속에서 서로를 채우고, 비우며, 누리는 경험은 개인적 영성을 넘어 공동체적 사명을 실현하는 힘이 됩니다.

오늘 내가 경험하는 작은 채움과 비움과 누림은 결국 세상을 향한 하나님의 선교에 동참하는 삶의 한 부분이 됩니다. 그리고 이 순환은 장차 완성될 하나님 나라의 영광을 미리 맛보게 하는 종말론적 표지이기도 합니다.

만약 독자께서 신학을 공부하고 있거나 목회를 막 시작하신 분이라면 이 책을 통해 성경적 영성의 구조를 분명히 이해하고 신학적 깊이를 체득하는 동시에 교리와 목회 현장에 적용할 수 있는 실제적 지혜를 함께 얻게 되리라 확신합니다.

더 나아가 삼중의 영성이 단지 지식에 머무르지 않고 그 여정을 향한 오늘의 결단과 작은 한 걸음이 하나님 나라의 열매로 이어지기를 기대해 봅니다. 책을 덮은 이후에도 채움과 비움과 누림에 대한 깨달음이 삶 속에서 지속적으로 구현되며, 하나님과 동행하는 영적 여정이 풍성하게 이루어지기를 진심으로 소망합니다.

참고도서

국내 서적

김기석. 『사람의 마음, 하나님의 마음』, 꽃자리, 2016.

김남준. 『하나님 앞에서 살아가는 삶』, 생명의말씀사, 2010.

김영한. 『예수 그리스도의 자기 비움과 십자가 신학』, 기독교문서선교회, 2018.

김세윤. 『요한복음 어떻게 읽을 것인가』, 두란노, 2012.

_____. 『복음과 하나님 나라』, 두란노, 2012.

_____. 『요한신학 산책』, 두란노, 2014.

_____. 『사도행전 다시 읽기』, 두란노, 2016.

_____. 『복음과 율법』, 두란노, 2017.

_____. 『복음서의 예수』, 두란노, 2019.

_____. 『바울과 바나바: 초대교회의 복음 사역』, 새물결 플러스, 2020.

김지찬. 『성령이 이끄는 공동체』, 생명의말씀사, 2015.

김형국. 『하나님 나라를 살아가는 제자』, 비아토르, 2014.

김회권. 『하나님 나라 복음』, 복있는사람, 2020.

_____. 『요한복음 강해』, 복있는사람, 2020.

박상래. 『초대교회와 선교』, 생명의말씀사, 2021.

_____. 『초대교회와 영성』, 생명의말씀사, 2021.

박상진. 『초대교회 영성사』, IVP, 2018.

박영선. 『바나바의 길』, 남포교회출판부, 2014.

_____. 『사도행전 강해』, 무근검, 2014.

_____. 『설교자의 마음』, 무근검, 2016.

_____. 『기도』, 무근검, 2017.

박영돈. 『하나님의 열심』, SFC, 2014.

_____. 『십자가와 제자도』, IVP, 2015.

박용규. 『한국기독교회사 1』, 생명의말씀사, 2017.

박영호. 『요한서신 강해』, 장로회신학대학교출판부, 2010.

손양원. 『사랑의 원자탄』, 생명의말씀사, 2008.

송영목. 『사도행전 어떻게 읽을 것인가』. 두란노, 2017.

신현우. 『마가복음』, 한국신약해설주석2(온누리언약교회출판부, 2020.

안영복. 『신약 헬라어 단어 연구』, 요단출판사, 2019.

염두철 · 장명수. 『신앙생활 어떻게 잘 할 수 있을까』, 선교햇불, 2016.

이동원. 『영적 성숙으로 가는 길』, 규장, 2008.

이상규. 『초대교회사 다시 읽기』, SFC출판부, 2019.

이상훈. 『사도행전의 사람들』, 장로회신학대학교출판
부, 2012.

이상훈. 『사도행전의 신학』, 장로회신학대학교출판부,
2014.

이용도. 『이용도 전집(1): 영혼의 노래』, 새물결플러스,
2018.

이필찬. 『누가복음 주석』, 성서유니온선교회, 2018.

_____. 『사도행전-성령과 교회의 탄생』, SFC, 2018.

_____. 『마태복음 주석』, 성서유니온선교회, 2019.

정성국. 『영성, 하나님을 누리는 삶』, IVP, 2018.

최승락. 『사도행전 주석』, 총신대출판부, 2016.

_____. 『초대교회 순교 신학』, CLC, 2018.

최재식. 『성경 속 설교자의 삶』, IVP, 2017.

번역 서적

게할더스 보스. 『성경신학』, 김길성 옮김, 크리스찬다이
제스트, 2004.

고든 D. 피. 『빌립보서』, 김철 옮김, IVP, 2012.

그랜트 오스본. 『요한계시록』, 정성국 옮김, CLC, 2012.

달라스 윌라드. 『영적 훈련과 성장』, 이종태 옮김, IVP,
2001.

_____. 『마음의 혁신』, 윤종석 옮김, IVP, 2006.

_____. 『하나님의 모략』, 이종태 옮김, IVP, 2010.

대럴 복. 『누가복음 1』, 김경식 옮김, CLC, 2013.

_____. 『요한복음 강해』, 김경식 옮김, CLC, 2014.

데이비드 E. 갈랜드. 『누가복음 주석』, 김광남 옮김, 부흥과개혁사, 2014.

_____. 『마가신학』, 신윤수 옮김, 새물결플러스, 2015.

데이비드 피터슨. 『사도행전』, 박대영 옮김, IVP, 2011.

디트리히 본회퍼. 『나를 따르라』, 김회진 옮김, 신앙과지성사, 2006.

레온 모리스. 『요한복음 강해』, 김득중 옮김, IVP, 2009.

리처드 보컴. 『예수와 목격자들』, 김경식 옮김, 새물결플러스, 2014.

리처드 포스터. 『영적 훈련과 성장』, 황을호·권달천 옮김, 생명의말씀사, 2009.

마틴 로이드 존스. 『사도행전 강해』, 정옥배 옮김, 기독교문서선교회, 2018.

_____. 『성령론』, 정옥배 옮김, 기독교문서선교회, 2019.

몰트만. 『삼위일체와 하나님의 나라』, 안영권 옮김, 미래사, 1995.

사무엘 J. 톰슨. 『마가복음: 고난받는 공동체를 위한 복음』, 김기홍 옮김, 대한기독교서회, 2009.

어거스틴. 『고백록』, 김남우 옮김, 대한기독교서회, 2006.

에이커스 데이비드. 『빌리 그래함: 한 사람의 이야기』, 김은애 옮김, 국제제자훈련원, 2005.

유진 피터슨. 『한 길 가는 순종』, 윤종석 옮김, IVP, 2005.

____. 『사도적 영성』, 양혜원 옮김, IVP, 2008.

____. 『예수의 길』, 양혜원 옮김, IVP, 2008.

____. 『영적 성장의 길』, 양혜원 옮김, IVP, 2012.

____. 『예수의 길』, 양혜원 옮김, 복있는사람, 2018.

워렌 위어스비. 『무디의 생애와 사역』, 두란노, 2002.

윌리엄 바클레이. 『사도행전 주석』, 기독교문서선교회, 2012.

유세비우스. 『유세비우스 교회사』, 김은수 옮김, 크리스찬다이제스트, 2003.

제임스 K. A. 스미스. 『당신은 당신이 사랑하는 것이 된다』, 김준수 옮김, IVP, 2018.

조엘 마커스. 『마가복음 1』, 김명수 옮김, CLC, 2016.

조지 뮬러. 『조지 뮬러 자서전』, 김진우 옮김, 생명의말씀사, 2007.

존 비비어. 『순종』, 윤종석 옮김, 두란노, 2002.

존 스토트. 『요한서신 강해』, 김명혁 옮김, IVP, 2005.

_____. 『그리스도의 십자가』, 김명혁 옮김, IVP, 2006.

_____. 『현대인을 위한 사도행전 강해』, 정옥배 옮김, IVP, 2015.

_____. 『산상수훈』, 정옥배 옮김, IVP, 2015.

찰스 스펄전. 『스펄전 자서전 1』, 조계광 옮김, 생명의 말씀사, 2015.

토마스 아 켐피스. 『그리스도를 본받아』, 김교석 옮김, 분도출판사, 2020.

토머스 머튼. 『새 명상의 씨』, 김우혁 옮김, 가톨릭출판 사, 2013.

팀 켈러. 『탕부 하나님』, 최종훈 옮김, 두란노, 2012.

코리 텐 붐. 『은혜는 모든 것을 이긴다』, 양은순 옮김, 생명의말씀사, 1994.

하워드 마샬. 『누가복음 주석』, 이상근 옮김, 솔로몬, 2014.

헨리 나우웬, 『상처 입은 치유자』, 김명희 옮김, 두란노, 2014.

F. F. 브루스. 『사도행전』, 김성숙 옮김, 아가페출판사, 2016.

N. T. 라이트. 『예수와 하나님의 승리』, 박규태 옮김, IVP, 2010.

_____. 『모든 사람을 위한 누가복음 1 · 2』, 양혜원 옮김, IVP, 2016.

R. T. 프랜스. 『마가복음 주석』, 박영민 옮김, 새물결플러스, 2017.

외국 서적

Chrysostom. *Homilies on the Acts of the Apostles*, Homily XV.

Joel Marcus. *Mark* 1-8, New York: Doubleday, 2000.

Morna D. Hooker. *The Gospel According to Saint Mark*, London: A & C Black, 1991.

Müller, George. *Narrative of Some of the Lord's Dealings with George Müller.* London: J. Nisbet, 1860.

R. T. France. *The Gospel of Mark*, Grand Rapids: Eerdmans, 2002.

ⓒ문암출판사

삼중의 영성
채움 비움 누림의 여정

1판 1쇄 2026. 1. 15.

지은이 | 장명수·염두철

펴낸곳 | 문암출판사
펴낸이 | 염성철

출판등록 | 제2021-000079호
펴낸 곳 | 경기도 고양특례시 일산서구 산현로 92번길 42
출판부 | 031-911-1137

blog | naver.com/bookrock53
E-mail | bookrock53@naver.com

ISBN | 979-11-994283-6-2 (03230)